香港城市大學中文及歷史學系
創系十週年叢書 06

文化香港

一座城市的百年流變

陳學然 著

中華書局

香港城市大學中文及歷史學系創系十週年叢書總序

客人來訪，都説香港城市大學方便，以其連接交通樞紐，毗鄰購物商場。商場被學生戲稱為「白區」，從白區穿越時光隧道，通過紅門，進入紫綠藍黃紅區，便是大學。的確，校園商場，幾近無縫接軌，大學在城市之中，城市也在大學之內。在大學的某個角落，有一個「中文及歷史學系」，師生們也在埋首研究和書寫城市。中文及歷史學系由創系系主任李孝悌教授建立之初，即以中國口岸城市研究為主要發展方向。光陰荏苒，轉眼十年，是時候交些功課，本輯「創系十週年叢書」，即立意於此。

我們去年年末邀請一些同仁為叢書撰著，今秋陸續收成，發現大家竟不謀而合地皆論及或立足於城市，且古今相投，前後呼應。古代方面，有兩千多年前的楚都紀南城（沈德瑋），千多年前的長安與上黨（呂家慧）、寧波和日本福岡與奈良（李怡文）。近代方面，有兩本不約而同地以十九至二十世紀的香港為主題（程美寶、陳學然），但一旦講到香港，便不得不論及鄰近城市。有兩本分別追溯蕭紅在哈爾濱和上海（劉東）、饒宗頤在新加坡（楊斌）的人生軌跡，但這兩位主角最終都魂歸香港。二十、二十一世紀之交，人類學家（曹南來）遠赴巴黎、羅馬，尋覓的卻是溫州的身影。即便是文學創作，兩位作家（馬家輝、陳志堅）既生於斯長於斯，自然亦從香港出發，或在九龍碰上李小龍，或到上海尋覓魯迅。

倘若讀者覺得老師們的文筆太老氣橫秋，不妨來點「小清新」，讀讀城大本科生的文學創作——特別感謝潘步釗博士和陳志堅博士兩位中學校長為本系開設文學課程，給學生悉心指導，並多年擔任本系主辦的「城市文學獎」顧問和評判。二人合編《城市微縮》，收入本系和城大其他學系本科和碩士生的散文作品，他們對同學的讚許和鼓勵，想必比本校老師更為中肯。同時要感謝的，是本系同事范家偉，他編輯《鑽燧薪傳》，收入多年來碩博士在讀和畢業生的學術論文，邀請校外人士評審，敦促同學改進，一如既往地為學系的研究生教育嚴格把關。

同事們平日在辦公室大部分時間都埋首書齋，即便在走廊碰面，也只是匆匆點頭問好，隨即返回自己的天地，所謂君子之交是也。師生在課室相見，花開花落，又是一個畢業季，又是一個開學日，都未必記得彼此的名字。同事師生間的相識與相遇，儼如城市行人擦身而過，份屬隨緣。猶幸的是，「叢書」將接近五十位作者和編者通過文字和出版聯繫在一起，有史學有文學，由考古學到人類學，自戰國時代至二十一世紀，給讀者呈獻一趟歷經古今中外數十個城市的超時空之旅。各部作品體例不同，寫作風格有異，但都不會因為篇幅短小便顯得內容膚淺，而是盡量做到言之有物。讀者若能從叢書序號 1 讀起，一本一本讀到第 12 號，浸沉在昔日都城的繁華盛世，看到它們煙飛灰滅或今不如昔，則對自身有生之年所目睹的城市興衰，不會感到不解或感傷。最後讀到年輕人的寫作，聆聽他們對城市的觀察與隨想，理解他們在微縮的時空裏，如何把文字化作一道掌風，對抗遺忘，最終夢遊至那「不存在的城」，也許便是希望所在，亦算是我們出版本叢書的一個不經意的成果。

程美寶、陳學然 謹識

2024 年秋冬之際，深水埗與九龍塘之間

目錄

第五章
新舊共存、各適其適：胡適訪港的迴響與文化意義

第六章
自生自滅的文教事業：香港私專院校的創建與轉型

第七章
花果飄零，靈根難植：唐君毅對香港高等教育的批判

第八章
結論

第一章

緒論：人物、機構、空間

過去曾有人說，香港是一本難以讀懂的書。既然難懂，那對於成長於這片土地的人而言，便有義務盡其所能，慢慢說好香港這本書的故事了。

或許，也斯曾經告訴我們的一個讀懂香港故事的方法，值得大家參考：

> 到底該怎樣說香港的故事？每個人都在說，說一個不同的故事。到頭來，我們唯一可以肯定的，是那些不同的故事，不一定告訴我們關於香港的事，而是告訴了我們那個說故事的人，告訴了我們他站在甚麼位置說話。[1]

1　也斯：〈香港的故事：為甚麼這麼難說？〉，收入朱耀偉、張美君編：《香港文學 @ 文化研究》（香港：牛津大學出版社，2002年），頁 11。

的確，不同人在講述香港故事的時候都會有不同的角度、不同的素材來講述他們所知道的內容。對於一位不擅長於講故事的文史研究者而言，要克服學究式的口吻與文字鋪陳，也是一個挑戰。本書嘗試以香港文化歷史中的人事物為中心，讓他／它們走出書堆，面向普羅大眾。大家可藉此了解曾在香港留下足跡、為香港作出貢獻的一些人物及其經歷。他們主要是一群曾積極面向香港社會，並留下文化創造功勞的教育家、思想家、學術領袖乃至紳商領袖。這些人物賴以實現理想的機構、場所或地方（place），有些在今天已經成為香港這座城市的文化景觀。藉着重溫書中人物的生平事跡與文化教育活動，我們得以走進城市記憶的隧道，觸摸城市的肌理，感受舊日社會跳動的脈搏，尋味一座城市的故事底蘊。

本書的撰寫，一方面以不同時期活躍於香港的人物作縱線論述，另一方面也透過人物在香港留下的文化足跡及他們所寄身的機構作為橫向鋪陳，從而展現香港多元面貌的文化空間與富歷史意義的景觀。

一、文化香港，書寫傳奇

香港並非文化沙漠，而是個有文有質的奇特地方。

「文化香港」，可以寫作是「文『化』香港」。「文化」是一個包羅萬有的名詞，從社會制度、政治模式、典章律法、建築風格、美術工藝、風俗習慣、語言文字、學說思想、道德教化、宗教信仰乃至衣食住行、人倫日用等的表現形式，它們都體現了人類或某個族群的「文化」創造。文化的本身，並無高低之分。不同的族群或民族都有各適其適的文化形態或文化生產，而這往往與他們各自的生存條件、生活環境特點息息相關，進而構造出千姿百態的物質文化與內涵豐富的非物質文化。

本書實在無意細究何為文化，只是希望說明香港是有其千姿百態、多元而複雜的文化內涵。然而，文化不只是作為名詞來看待，它還可以視作為動態的，以「文」「化生」出新的價值意義的一組文字組合。

文化之「化」在中國的原初涵意，本身被賦予了生生不息的創生意義。諸如見於《周易・繫辭》、

《白虎通德論·嫁娶》、《列子·天瑞》的「萬物化生」的長養萬物、生演變化即是。同時，《周易·賁卦》所言的「觀乎人文，以化成天下」的「化」是人文化成、人文教化的意義；《孟子·盡心上》的「過化存神」也同樣有「感化」、「教化」的意味。那麼，本書的「文『化』」香港，也沾帶「教化」意味，並結合清季香港修文設教之風未興之際，特指知識精英自北而南興學施教的努力而言。早於英國佔據香港島之初，有識之士便在仍為清政府管轄的九龍寨城興建義塾，推動儒學，教化民眾。以下這副目前仍高掛於九龍寨城公園裏的原「龍津義學」門聯，便讓我們清楚看見早期在港知識精英「文『化』」香港的心願與抱負：

> 其猶龍乎？卜他年鯉化蛟騰，盡洗蠻煙蛋雨。
>
> 是知津也，願從此源尋流溯，平分蘇海韓潮。

由上可見，文「化」香港在近代香港歷史裏既是一個由無變有的人文教化興盛過程——「盡洗蠻煙

昔日龍津義學的一對門聯，可見於今天的九龍寨城公園，我們從中可見昔人「文『化』香港」的一片心跡。

蛋雨」，同時也是文「化」的目標——「平分蘇海韓潮」，而這更是清季有識之士對自身在地文化事業的高度期許。

香港本是遠離中國文化、政治中心的偏遠小島，它的城市化確實是從漁港、鹽田、養珠、伐木等勞力作業轉變至航運、輕工業、金融業的，但在這經濟產業發展演變的同時，香港的文化教育事業也同樣在不斷發展——老子猶龍、孔子知津；期待在地青年變化氣質、魚躍龍門，進而變夷為夏，更加溯源直上五千年，擔起傳續千年文脈正統之大任。那些因時變「遵海而南」（甚或因事流落香江）的有識之士，於香港被強行割讓之後的數年，便在龍津義學的大照壁髹上「海濱鄒魯」四個大字，亮出身份，展示建功立業的決心。他們藉着興學施教，造福一地之生民，移風易俗，使香港成為儒學興盛的文化之都，更以唐宋古文八大家自況、自喻——傲視蘇軾外放海南而建立的在地功勳，媲美韓愈外貶潮州而廣贏百姓稱譽。

由上觀之，文化之產生，必然是因為有人；有人便有興學施教的人文活動，甚至是因為中心的變動而文教禮失求諸野的意外繼承，使文化遺產在這個曾經一度被視為化外之地的城市枝繁葉茂地生長，成為存學衛道以承續千年文脈的文化空間。

本書將要向讀者披示的，是從前清遺老賴際熙到革舊學之命的胡適、從努力進入香港政治體制以發揮影響力的華人紳商領袖，到不留情面地批判殖民管治的唐君毅，他們的文化信念、文化事業都將會在本書裏有所論述。縱然他們之間的政治立場各有不同，但他們在香港一域展現的不同思想歸趨與文化情懷反過來也有不少異中之同。

出於對中國文化的重視及對於中國何去何從的思考，不論新派舊派還是中外人士，在同一個地方的不同時段都有他們的不同感懷與理想，他們均希望在這個被稱作「借來的時間」、「借來的空間」裏或實現政治抱負，或實現文化理想。全書共分八章，每章都涉及一個空間或機構場所，它們分別是宋王臺石刻／宋皇臺公園、華商總會、學海書樓、官立漢文中學、香港大學中文學院、香港中文大學、新亞書院、香港私立專上院校；涉及的人物有金文泰、賴際熙、陳伯陶、周壽臣、陳君葆、李景康、胡適、唐君毅等。時間跨度幾乎是整整一百年，而當中的場所、機構或建築物至今仍存在，有些甚至是繼續不斷、欣欣向榮地發展。

二、與「文」同在，存茲墜緒

沒有「文」，道的精神內涵因得不到講述而無所傳續。所謂「文」，本是用以描述無形之道的內容；如孔子「文不在茲乎」的「文」便是指禮樂制度。中國古代文學理論向來多有闡釋「文」的本質，並往往將之與「道」合論。劉勰於《文心雕龍・原道》篇說：「道沿聖以垂文，聖因文而明道。」進而啟發韓愈、柳宗元等相繼提出「文以明道」、「文以載道」、「文以貫道」之論。直到朱熹，才再糾正「裂道與文以為兩物」之誤而啟發元人「文與道一」的觀念；後世甚至還有「文道合一」的衍生觀念。無論如何闡釋文、道關係，都是要說明它們二而為一，一而為二的關係，彼此相互體現天地間的大義，「文」或文章的要義，被古人視作「救世行道之具」，要「在社會與道德重建中發揮作用」。[2]

「文」的含義及文與道的關係，本身是文學理論乃至理學、哲學的深層次問題，我們毋需在此花費太多筆墨深細探究。於本書而言，所要突顯的「文」與「道」意義，不外乎在港華人領袖與南來文化領袖如何看待中國文化與家國民族前景何去何從的問題，而這種熱衷守護中國傳統精神價值的心態，往往是在面對時勢轉變帶來的挑戰下才格外分明地呈現出來。那麼，面對時變與世變，時人如何在守護固有文化精神與思想價值不變之餘，回應時代的進步而「損益」其中的典章、禮儀、制度、儀文等等，藉以達至維繫社會秩序及促進家國民族向上發展的目的，這一切都很值得深究。

「文」既是救世行道之具，有識之士以文會友，大集同志興學施教以成其事；同時，「文」的教化場所及其活動空間的創制與發展，也是用以觀察香港在

2 查洪德：〈論元代文論的「文與道一」說〉，《古代文學理論研究》第 33 輯（上海：華東師範大學出版社，2011 年），頁 217－248。

多變時局下社會人、事、物變化軌跡的深層視角，由此而展示一座城市的文化內涵。

在港紳商、南來文人，他們於不同時代來到香港，都有共通之處，便是身居邊陲之地而心懷家國，情有所牽，因而或化諸為文、或興學施教，各各守護自身執守之文化理念，藉以應對中國出現的各種政治與文化上的危機，冀能匡正人倫秩序而振興國運。他們大多都是在世變之中由中心走向邊緣的群體，甚至是退居至香港這座遠離政治、文化中心的「邊緣」城市中。但是，就是在這片邊緣區域裏，他們找到了新的天空，用以延續固有的人生職志、興學施教以燃點承傳中國傳統的希望。

自辛亥革命以來，正統皇權解體，固有思想體系崩潰，天下大變而道術亦隨之裂變，不少華人紳商領袖就是在輪番變局中紛紛南下。一些位據文教、文壇要津的前清翰林則更以不仕新朝、不食周粟為榮，以清室遺民自居，群集於香港這蕞爾小島 —— 紳商興學、翰林施教，守護道統，堅持固有文化精神價值。他們熱衷於光大歷代遺民志士之學，同時又致力於辭章文獻、禮儀秩序、規章制度等的考究之學，平時也不忘籌辦雅集吟誦，特別是透過宋王臺這個文化空間而把感時憂國之情轉化為「文」，藉着詩、詞、文章乃至日常酬酢應對之文，把他們的家國之思及自身際遇抒發出來，同時也把他們的文化理想與尊孔崇古的在地社會文教建設緊緊地聯繫起來，讓香江文教成為延續中國千年道統或文脈的重要地方。

本書把那個無形之「道」——文化理想的實踐軌跡、創制過程放置於不同的人物、機構與建築物體上，希望從中讓讀者——特別是年輕讀者了解香港並不是甚麼所謂的「文化沙漠」；同時，也希望廣大讀者注意到，香港雖然在 1842 年因為英國船堅炮利的奪取而被迫接受一百五十多年的殖民管治，但中國文化傳承在這逾百年裏不絕如縷。每逢國內變動，各種體現千年文脈的經史文教場所、民間文化組織便紛紛成立；甚至是各種宗教團體南下落戶香港，各因經濟財力或建宮殿祠宇、或進駐市井蝸居，不但是各色各樣，同時也是各適其所適，在英國殖民政府容許的有限空間裏繼宗立派。

三、郁郁乎文，融合新舊與中西

香港不過是區區的彈丸之地，然而，史籍上卻出現了兩座「聖山」，此等深有文化盛譽的稱號足以說明香港不是「文化沙漠」。

這兩座聖山，分別是宋王臺石刻所在的那座已被日本軍隊及英國殖民政府夷平的小山丘。另一座聖山便是早見於明末《粵大記》記述的屯門青山。屯門青山因為曾是佛教名山而被敕封為聖山，其上之杯渡禪蹤更被譽為新安八景之一。青山蘊含的濃厚文化氛圍，是近百年來文人墨客甚至政要名流流連忘返之地。它較古的勝跡有相傳是韓愈留下的「高山弟一」墨寶，較新的則有香港著名建築商伍華斥資建造的韓陵片石亭，亭內樹立了一塊紀念金文泰（Cecil Clementi）與本地紳商兩次登高遊覽青山的〈遊青山記〉石碑。就是這篇碑文，折射出香港的文化底色，既看見殖民管治者「以文為術」的管治手段，同時也看見華人領袖在中國軍閥混戰年代亟亟於在港開創人生事業、實踐理想的心態。當然，這同時也反映了香港是一個融合華洋不同種族及文化的地方。

香海名山牌樓橫匾上刻有「香海名山」，旁則刻有「香港總督金文泰題」八字。

更深刻反映香港華洋共處而中西薈萃的，毫無疑問是聳立在青山山腰的「香海名山」中式牌樓。牌樓由一眾香港華人紳商領袖聯署興建，其上銘刻有清遺老陳伯陶、伍銓萃及前民國總理梁士詒的楹聯，而「香海名山」四字旁則刻有「香港總督金文泰題」八字。在這片「香海」裏、在這座「名山」上，洋總督、前清遺老甚至被遺老視為敵國的民國政要，在變動時代裏構築牌樓，在中國其他地方恐怕也是異數了。

然而，不可忽略的是，不單是牌樓上鐫刻楹聯的前清遺老與民國政要抒發家國民族之念，就是後來不少攀上青山的文人雅士，大多都是志不在於瀏覽風景，乃是北望中原，發思古之幽情。青山禪院裏守護大雄寶殿的韋陀亭，其正面有幅彌勒佛圖，刻有「才上宋皇臺遍尋杯渡石，曾經滄海水願度法身船」對聯。這種故國之思、黍離之悲，反過來正好反映了一代代南來者在中國政局動盪年代裏，不論處身何種境地都對於民族何去何從充滿眷念。一旦在青山登高遠眺，進入眼簾與心坎的，是綠野神州與千年文脈的「宋臺」景觀。

香港的宋朝遺跡或者是類似於青山禪院的宗教場所，也是認識香港文化底蘊的重要場域。單就香港政府承認的佛道宗教場所，據黎志添《香港廟宇碑刻志：歷史與圖錄》所統計的便保留了 454 所（216 座佛寺道觀，238 座地方廟宇）。觀乎該等鑄刻在廟宇碑銘鐘鼓的古典詩詞與舊體文章，乃至於經書、科儀、文檢等等，文化就在眼前，唾手可及，說是「郁郁乎『文』」實不為過。

然而，機構及場所等等的歷史、文化空間，並不是本書最終的研究目的，而那些寄託於有形空間或場所的文化觀念、學術思想與相關人物的精神世界才是根本的關懷所在。空間或機構場所，既是人為創造的，同時也是召聚一群人在固有的基礎上不斷求新的創造與發展的地方。機構或組織如沒有文化理想，就好像人沒有靈魂一樣，它當然也不會恆久持續地發展下去。文化空間的產生，本身是基於一二為首者的倡導，然後使無形之「道」——文化理想得到有形的寄身之所而得以發展。

帶有強烈意願，並付諸行動要在香港傳續千年文脈的，創建學海書樓的前清太史陳伯陶、賴際熙固然是值得重視的人物，而影響香港文教發展的那些直接管治香港社會的英國殖民地官員同樣是不能忽略的對象。於本書裏，香港第十七任總督金文泰便是經常出現的一位殖民管治者。香港就是這樣的一個融合古今中外人事物的地方，對於一些表面上可能是八杆子打不着的人，他們彼此之間的文化思想有哪些牽連、有哪些異同，在疏理香港文化底蘊時都是值得研究的事情。

陳伯陶的「宋王臺」歷史記憶書寫及活化這個文化空間與歷史景觀，還有他編製宋王臺詩文集及考證嶺南遺民義士的事跡，都使香港成為保存啟源自「春秋大義」的千年文脈延展不衰。金文泰雖然是異邦人，但他任上推動創辦官立漢文中學、建立香港大學中文學院，讓經史之學一時間蓬蓬勃勃，這是前所未有的文化氛圍。金文泰其人表現出熱愛中國文化的特質，並曾出版英譯的廣東民歌詩集《粵謳》（*Cantonese Love-songs*），這些都為一眾居港前清遺老感戴，不視其為夷狄、蠻族。深憂香港新一代會「數典忘祖」的華人紳商，則更加視金文泰為良朋知已，他們在金文泰管治下亦受到重用。當香港走出

1925 年爆發的「省港大罷工」的政治與經濟衝擊後，金文泰與華人紳商領袖聯袂同遊青山。領首的華商伍華不但建亭勒石銘刻〈遊青山記〉來盛讚金文泰的治港功勳，還築建一座上述提及的「香海名山」牌樓。無疑，「香海名山」四字實在是可圈可點的，它得以出現，背後是基於香港官學商同心協力經營香港社會文化面貌的成果，港督與民同樂體現的是金文泰治理下的香港政通人和、四境升平的景象。

正如王夫之所說的「以文致之為聖賢」，金文泰推動經史文教，功如韓愈，致使華人紳商共同協力斥資出力加強中學及大學的經史文教事業，使本是商埠、轉口港的香港成為名副其實的古典文化中國。於金文泰管治期間三度訪港的魯迅，他對於金文泰的冷嘲熱諷，也正好從側面反映了香港尊孔讀經之盛，而「金制軍」在管理香港的文功武略上的確有他的一手。金文泰既是學者，更是殖民管治者，他不僅深懂中國人的人情世故與文化信仰，同時也深諳中國文化體系裏「文以載道」傳統下「文」的威力。

姑勿論金文泰本身的中文造詣或對中國傳統文化的修養有多深厚，但他勤習中文而編譯中國通俗文字，最重要是推動經史文化教育，發展官立漢文中學及港大中文學院，這些都反映他對於中國「文」化知之、好之、樂之，更使傳統「文」教進入中國域外之地的官方制度，登上最高學府的大雅之堂，應合在地華人「世變而道不變」的文化理想，發揮「文」以載道的政治軟實力。[3]

1930 年金文泰離港後，香港大學便着手改革中文課程，希望與民國政府的中文教育體制看齊。賴際熙及其門生 —— 官立漢文中學校長兼港大中文學院課程設計者之一的李景康，儘管他們堅守舊體文書寫及經史之教的意義，但在面對新文學新思潮在香港擴散的問題上往往只能坐觀其變。儘管一大批「守古」「衛道」的華人紳商與前清太史主導着香港的文教發

---

3 湊巧的是，金文泰的中文名本為「金文太」，用意是取「金」（Gold）、「文學」（Literary）及「太」（Grand）的意思。但後來不知道是甚麼原因，「泰」取代了「太」。從後見之明中，「泰」字除了有「偉大」之意外，更加有安定、繁榮、富裕之意。這樣，以文治港的用意，在今天來看尤為深遠不少。有關論述見陳學然、吳家豪合著：《中英關係與殖民管治：金文泰在香港 1925－1930》（香港：中華書局，2024 年），頁 33。

展，但他們在 1935 年卻以隆重、盛大的儀式熱情歡迎新文化運動領袖胡適訪港。胡適在香港享受國家領導人般的貴賓待遇，與港督貝璐同台獲頒榮譽博士殊榮，也公開向社會各界大談白話文、新文化運動的時代意義。此情此境，讓我們看見香港這座城市流變不居的意想不到的面貌。甚至讓人感到是無關新舊、只有與時俱進的城市本質。

對於時局變化最為敏感而能夠與時俱新的，莫過於一群佔據香港上流社會要津的華商總會領袖。不論是新文化還是傳統舊文化，只要能夠幫助社會向前發展、有助培育應合時需的人才的，都會受到趨新者的青睞。即使是屬於相對於擁護舊學、舊傳統的紳商領袖中的領袖周壽臣，他從清室舊臣到推動尊孔、讀經，再到招待胡適——以至 1956 年與胡適同為新成立的聯合書院榮譽董事，他的活動身影就是香港文教與時而變的轉型史，也是香港城市多變本質的發展史。

四、「文」在香港，情依中國

上文提及的屯門青山「香海名山」牌樓，上書一副對聯曰：「遵海而南，杯渡情依中國土；高山仰止，韓公名重異邦人。」此聯由前清遺老陳伯陶撰寫，一方面抒發了自身境遇與顧念家國之情，另一方面頌揚了遠離文化中心而南放至潮州任職的韓愈所創下的不朽在地功勳，是如何深獲人們頌揚，而這反過來同樣也是自剖心跡，以杯渡與韓愈為喻，自勉或弘揚佛法、或實踐儒家教化，不論身在何處都是有益生民的。

除了陳伯陶的對聯外，曾任民國總理的梁士詒也在牌樓石柱上同刻一副對聯，其中一句如此說：「湖山如此，何時返錫到中原？」陳伯陶的「情依中國土」與梁士詒的「返錫到中原」，說明不論是遺老還是曾為民國新貴的不同立場的人，身處香港盡其之力以造福一方，但念念不忘的仍是何時重返家國，寄情於千里外的文化中原。同樣的心跡與情志，也見於1949年來港的唐君毅。唐君毅一生中最年富力強或學術文化思想最燦爛的時刻都是在香港度過的，他最出力的

香海名山牌樓正面刻有曾任民國總理的梁士詒所題的對聯

香海名山牌樓背面分別刻有兩名前清翰林陳伯陶及伍銓萃所題的對聯

人生事業——興辦新亞書院，也是在香港完成的。但是，他只是借香港這個地方成就他的教育事業與文化理想，目的是為傳續中國文化道統而爭取時間培養文化種子，盼望有天重回中國大陸建設祖國。

新亞書院，便是他用「借來的空間」、「借來的時間」建立的文化教育機構，但這個機構本身並不是為了香港而建。唐君毅滿目所見的是中華文化飄零、儒門收拾不住的慘象，故他寄居香港而為中國大陸「自植靈根」，目的是要掀起文化回流反哺運動。因為這種心境，他賦予新亞書院乃至香港另類的文化責任與時代角色。但也基於這種心境，致使他雖為香港本地高等教育貢獻近三十年歲月，由於只是注目於中國大陸，故而對香港始終表現出若即若離的情態。他說：

> 新亞書院最初創辦時，大家師生夢魂繚繞的，是綠野神州的山川廣陸，古今人物；大家所望的，只是早日重返家園，將自己之所學，貢獻於我們原來所在之中國社會。香港「雖信美而非吾土兮，曾何足

以少留」，是大家當時共有的情懷。[4]

然而，唐君毅不是一個孤例，也不只是一個時代裏居港華人對香港的情感寫照，抱持這種心態的還有其他絡繹不絕的南來者。他們在香港工作、生活，甚至佔據文教界要津，但他們當中有些人沒有融入香港社會的意願，對香港的事物也不感興趣，香港的前途取決於中國的前途發展，這是他們的基本信念——類似這種對香港若即若離而心懷家國甚或是別國的，從過去到現在都有一大批這樣的人。這也是香港文化地圖豐富而複雜、人心惟危而又嚮往自由的特質所在。然而，要了解香港文化的底蘊，不可不知這特質。不過，我們更要了解的是，香港正是在這種有意（鄒魯即在於海濱）無意（信美而非吾土）之間，竟然成為北學南移、承傳中國千年文脈的地方。

香港，對於不同時期過境或在此長居終老的人而言，都是給予他們空間或場地展現文化理想或實踐政

4　唐君毅：〈新亞書院之原始精神與同學們應自勉之一事〉，《新亞生活雙周刊》第 1 卷第 2 期，1958 年 5 月，頁 2。

治抱負的地方。因此，我們不必把視野局限於某個機構或特定的組織而視之為一個文化空間，這個空間可以小至一個公園、一所學校，同時可以大至遺老筆下的那個「海濱鄒魯」的香港——這是他們終老的人世淨土。當然，這個城市也曾被看作是被借來的空間，又或是港督金文泰筆下的中英文化交流樞紐。當然，它長時間來也被看作積存文化力量以為中國這個古老國家民族新生效力的地方。從唐君毅那個欲掀起文化回流反哺運動的悲願到今天融入國家發展大局的時刻，香港的城市角色被不斷賦予新的定位，變貌不斷，莫之能禦。曾經風靡多年的經典劇集《家變》，主題曲的歌詞「世事常變，變幻原是永恆」，可謂一語道盡香港的城市特質。

第二章

區區小島，海濱鄒魯：宋王臺文化空間的建立

九龍城可能是香港最多歷史故事的地區，也可能是香港歷史書寫中最引人注目的區域。

說它引人注目，是將它放在千百年來歷史發展長河中來觀察的，也是將它放在中原皇權、國家主權與文化正統承傳的角度來考慮的。因此，圍繞九龍城的故事也特別多。自北宋起，九龍城一帶便有蓬勃的採珠製鹽經濟活動。九龍官富場之名，便是指自官塘始、以九龍城為中心再橫跨至現今旺角周邊的廣袤地帶，九龍城自那個時期已成中原權力延伸至南方邊陲的核心。至元明清三代，朝廷於九龍城設立官富巡檢司，使之成為管理社會治安的官方機構駐地。早於 1847 年，隸屬新安縣的九龍巡檢司與有識之士便於九龍寨城築闢龍津義學，至 1897 年再於義學正門興建寓意舉子高中的魁星閣，並於其旁築起一堵大照壁，其上大書「海濱鄒魯」四字，深刻反映時人興學施教以改造香港的願望。[1]

如今，魁星閣與龍津義學都已灰飛煙滅，只餘義學大門的對聯與龍津石橋的殘餘可供憑弔。儘管如此，九龍城的宋朝故事不但沒有因為年代久遠而被遺忘，近十多年來反因歷史遺跡與舊物的再現，讓九龍城的歷史文化遺產受到前所未有的廣泛關注。宋代古井的發掘、龍津石橋的重現、地鐵沿線上的宋皇臺站啟用，再隨着政府當局在宋皇臺站闢劃空間，有策略地在人潮湧動的顯要位置，設立「聖山遺粹」展覽專區，讓每天大批路過的市民以最方便的形式接觸到香港歷史的真跡。港府透過讓深埋地下的古代文物重見天日，使之成為講述宋朝遺事的見證，告訴熙來攘往的人們一個有關香港的有根歷史文化故事。藉此，香港的歷史文化內涵便與過去百年來的敘述有所不同 —— 香港並不是鳥不生蛋的荒石，也不是要待 1842 年後才有故事可寫。

有此「聖山」，香港就不能被簡單看作是文化沙

1 有關資料及圖片，可參考《香港記憶》網上平台（http://www.hkmemory.org/city_relics/text/index.php? p=home&catId=23）。

宋皇臺港鐵站啟用後，古物古蹟辦事處在站內設立「聖山遺粹」展覽專區，展出聖山遺址發掘出的宋元文物，吸引市民佇足觀賞。

漠。「聖山」一名的出現，實有其超越時空的精神象徵與文化意涵，涉及大傳統下的民族大歷史敘事與民族精神傳續的論述。使一座據説只有三十多米高的小山丘擁有「聖山」之名的，便是一塊矗立於山頂、刻有「宋王臺」三字的巨石。劉禹錫的「山不在高，有仙則名」，正好用以稱許宋王臺石刻的奇妙意義。

然而，石刻的意義與價值絕不在於讓一座小山丘被賦予聖名，更在於它本身背後深層的歷史故事與象徵意義。它不但讓九龍城或香港這個遠在國家邊陲之小島與中原皇朝拉上了關係，更加宣示了一種不放棄的精神——宋末君臣從中原敗退到南方絕境仍誓死抗戰的決心，象徵着抗戰到底的民族大義及不朽的忠貞氣節。這些歷史故事與精神象徵，透過不同時期的南來群體憑弔宋王臺石刻被延續下來，他們同時也不斷與時俱新地賦予其新的歷史記憶與時代內涵。一塊刻有「宋王臺」三字的巨石，幻化出如此豐富的意涵，它反映的是香港這個地方本身蘊含的豐富多姿而複雜曲折的歷史內容。

一、重新進入歷史視野的「宋王臺」

「宋王臺」三字的石刻，很可能是出於宋末元初時人之手筆。目前所見之石刻，仍清晰鑄刻了「清嘉慶丁卯重修」諸字。然而，在前清遺老抵港展開活動前，宋王臺在香港歷史是默默無聞的，它最多只是見於嘉慶二十四年（1819）刊行的《新安縣志》涉及九龍宋史裏的相關記載：「宋王臺，在官富之東，有盤石，方平數丈。昔帝昺駐蹕於此。臺側巨石舊有宋王臺三字。」[2]

《新安縣志》還提及了楊太妃女晉國公主溺死後鑄金身而葬之事。公主金身之墓，也就是後人所說的金夫人墓，它與「宋行宮舊址」一樣，其實均已湮滅無聞。就是宋王臺石刻本身的歷史來由也沒有多少資料可供尋索，故宋王臺在清代基本上沒有任何具體活動的記錄。但是自 1915 年前後，九龍宋史因為陳伯陶、賴際熙、吳道鎔及蘇澤東等人對宋王臺歷史的考

---

2 《新安縣志》第 18 卷《勝跡略 · 古跡》，見孫立川校補：《新安縣志》第 6 冊，第 18 卷，嘉慶己卯鐫、鳳岡書院藏版（香港：中華書局，2017 年），頁 2。

宋皇臺公園內的「宋王臺」方形巨石

證，以至於登臺雅集而豐富起來。

陳伯陶與賴際熙等人是辛亥革命時期抵港的清室翰林，他們以「海濱鄒魯」定位香港，誓言要將香港變化為他們理想中的文化「故國」，而香港也是他們在當世動盪變局下守護中華文化道統的人間淨土。賴際熙有以下詩文詠嘆流寓香港後的人生新志業：

> 斯道存亡絕續之交，君子怵惕危慮之會也，幸香江一島，屹然卓立，逆焰所不能熵，頹波所不能靡，中西之碩彥，宏達之官商，咸有存古之心，皆富衛道之力……從此官禮得存諸域外，鄒魯即在於海濱，存茲墜緒，斯民皆是周遺，挽彼狂瀾，其功不在禹下。[3]

遺老們把自己在世變中的傳經講學之功上比古昔聖人。他們不以走離北京政治文化中心而流落國境邊

3　賴際熙：〈籌建崇聖書堂序〉，《荔垞文存》（香港：學海書樓，2000 年），頁 31－32。

陲的小島為恥。香港這個地方雖為外人管治，但始終是中國人的領土，而殖民管治者佔據香港之初已公開聲明不會干涉中國人的固有文化傳統。遺老們在此地遠避民國新政，維持個人之身份認同，以保護中華聖教、國粹民魂於不墜為人生職責。他們透過聚書講學以衛道揚教，使儒家聖教延續不息，達至他們拯救世道人心於既倒的目的。香港成為了遺老們遠離故土後，覓得以存古保學的人間淨土。而宋王臺石刻的保護及其文化空間（space）與文化景觀（cultural landscape）的開創，便深刻體現了遺老們的文化理想與精神寄託，反映他們心懷家國而存古衛道的心跡。

在文化空間或歷史景觀形成之先，必定有連番考證與歷史記憶的挖掘工作。陳伯陶率先將宋王臺故事歷史脈絡化，並以之為中心而將金夫人墓、代表宋行宮舊址的二王殿村、被視為是祭祀楊太妃弟楊亮節的侯王廟一一展現。陳伯陶成於 1915 年的歷史考證記述曰：

予謂《新安縣志》稱：臺南北帝廟，
為宋行宮舊址，今廟右村名「二王殿」，

> 以此證之，其說蓋信。《縣志》又云：臺後山有宋楊太妃女晉國公主墓。公主溺死，鑄金身以葬，俗呼曰「金夫人墓」。故老云：少時墓石猶存，今毀。又臺之西北，有楊侯王廟，相傳為宋末忠臣不知名。余考之史，知即為楊太妃弟亮節。是皆宜磨厓書石，俾與茲臺並傳。[4]

陳伯陶的文章勾劃了宋末皇室的在港遺跡，鋪陳了以宋王臺為中心的歷史景觀。這篇文章本為聖山建成石垣後的立碑之用，俾使各方得知碑界內歷史遺跡的故事。立碑設界，是要讓外界認識宋臺背後史事，引起各方人士重視石垣內的古跡。在此之前，宋臺遺跡於港府或居住於九龍城一帶的居民而言，似乎毫不重要，因此才出現聖山被嚴重破壞的結果。由此可見，自陳伯陶、賴際熙及其富商友好李瑞琴的出現，「宋王臺石刻」方才有機會發展為一個有文化內涵的

---

4 陳伯陶：〈九龍宋王臺麓新築石垣記〉，收入簡又文主編：《宋皇臺紀念集》（香港：香港趙族宗親總會，1960 年），頁 91。

歷史景觀。[5]

1915 年，李瑞琴斥資修繕已被破壞的宋王臺山麓，並建立石垣保護聖山。人們可以通過一道小橋到達聖山腳下，然後沿着石垣邊界拾級而上，登至一座古色古香的牌樓，欣賞完樓門兩側的「一聲望帝啼荒殿，百戰山河見落暉」對聯．越門而過，便可登步至「宋王臺石刻」圍欄，然後憑欄遠眺，山海風光盡收眼底。至此，可謂是情景交融，思古之幽情油然而生。表面景觀既成，還須誌以碑記方能使景觀有思想內涵地活靈活現於人心中。陳伯陶寫下了〈九龍宋王臺麓新築石垣記〉，繪畫出「故宋行宮遺址」的歷史位置與文化座標，同時也讓「易代避地之遺民」、「遺古之士」有了精神靈魂的聚合地，更加使後來的異代之士也基於同樣的情感而獲得記憶所繫的人文空間。

一個文化空間的構成，還要歸功於陳伯陶大召前清遺老齊集宋王臺雅集吟唱之舉，他們相繼出版《宋臺秋唱》（1917）、《宋臺集》（1920）等大量詩詞創

5　鍾寶賢：〈宋末帝王如何走進九龍近代史？〉，趙雨樂、鍾寶賢主編：《九龍城》（香港：三聯書店，2001 年），頁 1－43。

作，逐漸把「宋王臺石刻」建立為緬懷清朝、寄望復辟、重整江山的文化符號。[6] 據此空間，他們俯仰憑弔、抒發故國之思，[7] 並使之成為他們歌頌堅貞禦敵英雄氣節及宣揚文化正統的象徵，而這也讓宋王臺成為後來的一批批對家國前景充滿感懷的文人雅士的思想導向。確實，當宋王臺變成一種象徵意義，或者是變成一種價值觀念時，它便有了超越時空的意義，能夠與時俱進、隨事而變地喚起人們的感情 —— 觸景而生情，激發出想像力，塑造人們的思想與行為，使相同思想立場的人們被聚合在同一空間裏，共同實現文化理想。透過儀式與活動，空間再激發出感召力，反過來也再強鞏共同體裏各成員的思想信仰，推陳出新地賦予空間以新的思想內涵，使之被賦予了政治、文化正統性意義與象徵符號。

6 根據學者的研究，輯入《宋臺秋唱》、《宋臺集》的詩文作品數量頗豐，單計古詩便有 193 首。「宋王臺」成為了民初香港文人在人生境遇、歷史遺跡、流亡意識、民族關懷等等相互交集的集體記憶所繫之處。參鄒穎文編：《香港古典詩文集經眼錄》（香港：中華書局，2011 年）。

7 陳伯陶：〈九龍宋王臺麓新築石垣記〉，簡又文主編：《宋皇臺紀念集》，頁 91。

二、抗戰時期眾相遊覽的「宋王臺」文化景觀

至 1930 年代，隨着朝聖者日多，宋王臺也就成為香港居民慕名而至的觀光勝地，為公認的歷史遺跡與文化景觀，形成了共構、共建及共享的集體記憶。不論是前清遺老、南來文人，在港期間都必定登臺憑弔，不是觸景而生情，便是發憤以抒情。當然，更多的是一般的平民百姓在假日期間登高遊覽，例如《天光報》就有一篇以〈宋皇台畔之士女〉為題的文章，講述摩登男女摩肩擦踵登臺遊覽——「情語喁喁者，羨煞途人不少」，[8] 附近食肆也因此名勝而生意應接不暇。長年來，宋臺已成為中外遊客訪港的必遊景點。

不同身份背景、不同政治立場與不同文化心態的人，登臺觀景，各有所想，這一切都是源於宋王臺歷史記憶的締造者，一眾前清遺老的歷史考究及文學書寫，使一塊荒山巨石因為文學化的高雅敘事及寓情於

8 〈宋皇台畔之士女〉，《天光報》，1934 年 2 月 18 日，第 3 版。

景的藝術化書寫，讓宋季史事及歷史遺跡成為了歷史與文學的記憶，而異於一般的史料與普通人口耳相傳的記憶。

宋季歷史遺跡的記憶系統，塑造了宋王臺的文化景觀，而宋王臺這個人為塑造的文化景觀也有助於凝聚及締結想像的共同體，催生民族文化主義及培育身份意識，讓遺民群體以外的同代或後代人重新認知香港的歷史意義。從元遺民到清中葉時期，鑄刻在聖山那塊巨石上的，本來是「宋王臺」三字，但經陳伯陶的考證後倡議改稱作「宋皇臺」。因此，陳伯陶的詩文多用「宋皇臺」。

然而，「宋王臺」是否應該一定要寫作「宋皇臺」，這在 1920 年代前後的清遺民群體中也未曾成為共識。對於宋臺作出最多歷史考證及歷史記憶追述的陳伯陶，十分強調遺民風骨，要嚴辨政治立場與正統皇權的維護，故其傾向「宋皇臺」而非「宋王臺」。賴際熙詩文中則往往使用「宋王臺」稱述，這或與賴際熙更多流露出故國之思與黍離之悲，彼此的歷史記憶側重點不盡相同有關。陳伯陶的主張或堅持，表明了他的歷史認知 —— 趙宋皇室到達九龍灣時，南宋國祚仍未結束；正統皇朝之命脈不再身繫於向蒙古投降的臨安宋恭帝（1274—1276 在位），而是緊繫於漂流在外的端宗兄弟流亡政權。這樣一來，遺民的歷史視野與政治文化信念便得以延續，由逃離中原的保皇黨殘兵餘部或流亡政府，在反對蒙古入侵的抗爭行動中獲得了皇權賡續的合法性。同時，在賴際熙筆下，香港地域也具備了獨特性 —— 是古今流亡者匯集之地。借用論者之言便是，香港不再被看作只是一個由英國殖民管治的避難之地 ——「而是延續中原政治道統的一個南方座標」。[9]

在宋臺石刻這個文化景觀面前，不同的人被喚起的記憶，背後的歷史、文化、政治的意義都可能各有不同。[10] 首先，忠於宋室的元遺民，為了抵抗蒙古人

9　高嘉謙：《遺民、疆界與現代性：漢詩的南方離散與抒情（1895－1945）》（台北：聯經出版事業公司，2016 年），頁 343。

10　Hon Tze-ki, "A Rock, a Text, and a Tablet: Making of the Song Emperor's Terrace as a *Lieu de Mémoire*," in Marc Andre Matten ed., *Places of Memory in Modern China: History, Politics, and Identity* (Leiden: Brill, 2011), pp. 133 - 165.

而在一塊巨石上鑿出偌大的「宋王臺」三字，用以宣示政治立場、抒發忠於故國的衷情。在二十世紀初期，它卻成為了一批流落香港而忠於滿清皇朝的遺老聚合之地，也成為他們維護中國文化、政治正統性的符號，藉以抗拒 1911 年辛亥革命以來的民國政權。遺老們是一群漢族士大夫，本是異族的滿清政權入主中原三百年來已成為中華文化道統的繼承者。他們異於晚清革命黨的種族革命觀，反把民國政權視為造成中國動亂的罪魁禍首，為中華文化釀成滔天罪禍的敵國。但是，到了 1930 年代，在抗日救國的時代呼聲及民族危機之下，清遺寄寓於宋王臺的各種前朝興亡、忠君節烈的思想觀念，在抗日救國時代的思想大潮下被人們轉化為愛國守土、寧死不屈、抵抗到底的精神符號。時人目睹日軍炸毀「宋王臺」巨石，亦是心感戚戚焉。前清秀才、正聲詩社成員黃偉伯撰有〈平宋皇台作飛機場弔以一絕〉云：

宋皇金甌早不留，遺台今亦化平疇。

後人他日來憑弔，古跡難尋兩石頭。[11]

詩文用了「宋皇」而非「宋王」，反映時人承繼了陳伯陶等人的正統觀念，抒發其對宋臺景觀被毀的傷痛，同時也由此而引發國破家亡的黍離之悲。不論是宋「皇」臺，還是宋「王」臺，不同的南來文人對「宋臺」均有不同的文字表述。他們之中寫「宋皇臺」者，是因為本身的正統皇權觀念，還是因為讀了陳伯陶的詩文，因受到他的影響而行文時取「皇」捨「王」，目前而言實在是難以追究。但這兩者都同樣是不同背景的人自喻的愛國象徵與精神符號，是他們追憶歷史、思索國家前途的思想導向。他們反過來也藉此精神意象各行其是、各有詮釋。類似這種可供援引的例子，實在不勝枚舉。行文至此，著名的左翼人物筆墨也許就更加不應受到忽略。正如曾三度訪港的郭沫若，他對於宋王臺便產生了特別情感。他於 1927 及 1937 年登臺憑弔後，寫下多首詩作抒發家國

11 方寬烈：〈一部記述香港淪陷時期的詩作〉，《文學研究》2007 年冬之卷第 8 期（2007 年 12 月），頁 69。

情懷，並鼓勵民眾關心民族興亡的問題。他在 1937 年 12 月寫下〈南下書懷〉四首，用以表述抗日救國的決心與使命：

聖凡同一死，死有重於山。
捨生而取義，仁者所不難。

憂患增人慧，艱難玉汝成。
死灰猶可活，百折莫吞聲。

十載一來復，兩番此地游。
興亡增感慨，有責在肩頭。

遙望宋皇台，煙雲鬱不開。
臨風思北地，何事卻南來？[12]

---

12 郭沫若：〈南下書懷〉，《郭沫若全集：文學編第二卷 —— 汐集》（北京：人民文學出版社，1982 年），頁 412 - 413。另外，第三、四首收入《郭沫若全集》中的「自傳」一卷，用以說明他的南遷心史。見郭沫若：《郭沫若全集：文學編第十四卷 —— 沫若自傳第四卷 —— 洪波曲》（北京：人民文學出版社，1992 年），頁 10。

郭沫若在港期間用以抒發抗日救國激情的詩歌，與「宋皇臺」相關的還有以下數首，它們都借之表明報國、復國的豪情壯志：

遠望宋皇台，煙雲了不開。
亡秦賴三戶，何用遽心灰。

敵人不足畏，可畏是悲觀。
須當用全力，克服此兇頑。

寇焰愈猖狂，我情愈悲壯。
縱使退蘭州，依然要抵抗。[13]

但凡朝代興革、國家興亡及時代變遷，都較易引發人們發思古之幽情，燃起人們匡時救世之志及觸發感時憂國之情。文化景觀的歷史文化內涵與歷史記憶，讓憑弔者觸景生情、書懷託事，既發思古之幽

13 蘇光文：《抗戰詩歌史稿》（成都：四川教育出版社，1991年），頁67－69。

情，同時延展戰鬥到底的記憶系統。正如郭沫若在文章所說的：「宋皇台不又成為了時代的象徵嗎？」用他的話來說，只要中國一天仍在面對政治動盪不安的局面，外侮禍患一天未除，則「宋王臺」的抗戰精神與山上的「龐大的頑石」，仍在召喚有意識的群體繼續為家國疆土與文化理想進行不屈不撓的抗爭。郭沫若自言，當遙望聖山時，他都會不期然地被山上石頭及其「所關聯着的一段歷史悲劇」觸動，從而產生「卻沉重地壓抑着我」的感觸，讓他要為國家民族貢獻其力。[14]

於身為共產黨思想文化幹將的郭沫若而言，「遙望宋皇台」竟成為其對中國歷史長河記憶的來源與歸宿：

> 歷史在它長期停滯的期間，就像流水離開了主流一樣，只是打洄漩。宋朝在

14 上述引文出自郭沫若：〈南遷二・遙望宋皇台〉，《郭沫若全集：文學編第十四卷 —— 沫若自傳第四卷 —— 洪波曲》，頁10。

南邊攪完了，明朝又到南邊來攪完，現在不又是明末宋末的時代了嗎？衝破那種洄漩，不讓歷史重演，正是我們當今的急務。[15]

正因如此，郭沫若在 1947 年第三度來港時，在港居住一年時間，又寫下一首五言律詩：

十載一來復，於今又毀家。
毀家何為者，為建新中華。
革新須革己，革己要犧牲。
多少英雄血，激盪石頭城。[16]

宋王臺成為了郭沫若寄託國家自強的歷史記憶的思想空間，也是他追求國家變革的思想動力。他由此

15 郭沫若：〈南遷二．遙望宋皇台〉，《郭沫若全集：文學編第十四卷 —— 沫若自傳第四卷 —— 洪波曲》，頁 10－11。

16 韋秀程：〈郭沫若佚詩一首〉，《郭沫若學刊》1988 年第 3 期，頁 57。

而立定腳跟，寄望透過共產革命——終結中國歷史長河中的洄漩悔禍悲局，冀望在香港推動的共產革命事業，能夠創建新中華。這樣的記憶系統，與清遺老的追懷故國是不同的，但在抗爭的精神上則無甚差異、延展不息。好像郭沫若這樣欲藉宋王臺而在大時代巨變下找尋自我，乃至實現文化政治抱負的，在1940年以來還有一大批南來人群。

三、「宋皇臺公園」與戰後文化景觀的重建

1941年12月25日，港英政府向日本投降；1945年8月30日，英軍在美國的幫助下重返香港，並於同年9月16日接受日本投降，重啟英國掌管香港政權的五十餘年歲月。重臨香江的英國政權，一方面要收復人心，另一方面也因應時代與政局的新發展，迅速開展重建香港社會基礎建設。1947年，港英政府計劃拓展香港機場，使之由一個區域性的機場升格為可供長途飛行的新式噴射機升降的國際機場。新式的大型噴射機升降必須配備長而寬的跑道，這樣才能便利於英國在戰後香港執行經濟、政治乃至軍事上的緊

急應變方案。[17] 但是，此舉必須首先回應香港社會關於安置被日軍炸爛的「宋王臺石刻」的訴求。因此，為了拓展機場跑道而夷平聖山，港府要面對的第一個問題並不是資金與人力的問題，而是如何妥善安置宋王臺歷史遺跡的問題。[18]

經過多方的討論及多年規劃後，港府於 1955 年 2 月 23 日飭令工務司在現址之宋皇臺道與譚公道接壤處新闢公園，用以安置「宋王臺石刻」。港府回覆在地社團的查詢時，指出聖山原址正好地處機場跑道六百碼內的安全保護區，為免飛機升降發生意外、造成人命死傷，故「宋王臺石刻」將會被遷移至距離聖山三百呎外的一個新興建的公園裏。為隆重其事，港

---

17 詳見 Public Works Department, "Project Report on the Development of Kai Tak Airport" (387.736 2 PRO) pp. 1-3；此外，涉及啟德機場擴建的原因、目的的論述，可以特別參考當中列述的四份不同年份出台的報告書："The Broadbent Report (1951)," "The Scott & Wilson Report (1953), " "The Inter-Departmental Committee Report (1953)," "Memorandum by Colonial Secretariat [of Hong Kong] (1954)."

18 港府文件顯示，基於港府要擴建啟德機場，故要處理被日軍炸爛的「宋王臺」遺跡的問題。參 "Sung Wong Toi Garden, Kowloon, 1956-1964," HKRS 156 DS-1-4457.

府與趙族宗親總會（宗親會）洽談尋求安置石刻的建言。港府選擇該宗親會，既是對該會的尊重，也是對中國人社會重視名實身份、名號、血脈乃至文化「正統」的思想把握，正好強化港英政府這個外邦管治班子對於中國文化傳統的重視——這對於戰敗的英國政府在戰後重啟香港管治是尤需重視的公關手段。

在建造宋皇臺公園的過程中，受到港府器重的宗親會，主動向港府提出承擔修建中英文紀念碑的工作，同時斥資出版《宋皇臺紀念集》以誌慶。宗親會編書、建碑的工作，涉及對宋史的專門研究，也必須是相關學術專業的學者方能應付。宗親會請來了時任香港大學研究員的著名歷史學家簡又文負責這兩項重要工作，使被破壞的「宋王臺石刻」從重新安置到發展為新的宋皇臺公園文化景觀，進而生產更多新的知識，讓九龍宋史的發展脈絡更加清晰，而史事內容也更具體、更豐富。

港府把這座公園的建設規劃視作重要任務，規定建造公園的過程要具備「集體性」及「開放性」的諮詢程序。這種做法與港英政府向來自上而下的統治風格大相逕庭，極為罕見。究其用意，一方面是突顯

「港府當局對此華人歷史性紀念物亦極為尊重」的表現，目的是說明港府對華人文化傳統與歷史的尊重；另一方面，港府也表示要將之發展為在地華人的歷史紀念物，使其成為海外遊客參觀的景觀，意在提升香港的文化品位與城市形象。[19] 當然，這兩點歸納起來，反過來提升了在地華人的歸屬感，並使港府贏得民心支持。

港府夷平聖山始於 1955 年 12 月 26 日，同時對石刻所在的殘留巨石小心爆破；「宋王臺」三字的周邊石體被切割成方形塊狀。[20] 被切割成方塊的石刻，再經慢鑿細雕成「十呎六吋長、七呎六吋高、四呎厚」，[21] 而安放方形巨石的基座則「闊二十呎六吋、長十三呎，座身並刻有花紋」。市民眼見政府動工，輿情激動。報刊指出：「此消息各報刊載後，當地（九龍城）數十萬居民獲知，均感異常興奮，莫不欣然

---

19 上述引文均見於 "Sung Wong Toi Garden, Kowloon, 1956-1964", HKRS 156 DS-1-4457.

20 〈宋王台山崗動工移平〉，《工商晚報》，1955 年 12 月 27 日，第 4 頁。

21 〈宋王台古石，將只留一方塊〉，《工商晚報》，1956 年 1 月 12 日，第 4 頁。

相告，亟望早日完成。」[22] 石刻於 1955 年 12 月 26 日起至 1956 年 1 月中旬切割，正值冬季，但不影響市民的興奮與好奇之心：「古跡聖地在施工中，整日圍觀者頗眾。」[23]「連日雖冷，但在該處觀看爆鑿古石者亦頗眾。」[24] 在鑿切期間，甚至香港總督葛量洪（Alexander Grantham）也親往現場視察，對修建工作表示關注。[25] 公園及紀念碑建造事宜，由華民政務司、工務局、市政局三個部門合作，港府隆重其事，可見一斑。

新建的宋皇臺公園座落於啟德機場旁邊，在車馬熙來攘往的三條主幹道之間。它於 1956 年 7 月開始建築，至同年 10 月落成，並於一個月後的 11 月正式向公眾開放。公園正門口樹立了四根類似華表的大石

22 〈設公園保存宋王台古跡，九龍城居民深感興奮〉，《華僑日報》，1955 年 12 月 16 日，第 2 張第 1 頁。

23 〈宋王台山崗動工移平〉，《工商晚報》，1955 年 12 月 27 日，第 4 頁。

24 〈宋王台古石，將只留一方塊〉，《工商晚報》，1956 年 1 月 12 日，第 4 頁。

25 〈港督昨日參觀宋王台山聖石〉，《工商日報》，1956 年 4 月 26 日，第 5 頁。

柱，雕上祥雲遊龍。進入公園便可見到三塊石碑。公園中軸線終端、坐北向南而立的便是「宋王臺石刻」。公園左右兩方，各陳中、英文紀念碑，碑文名為「九龍宋皇臺遺址碑記」。碑文詳細記述宋王臺的歷史意義和搬遷過程，同時也道明了「宋王臺」從石刻演變成一個新紀念景觀的過程，並突顯港府當局保存古跡之用心。在整個景觀的空間設計上，當局着意突顯其復古的東方色彩。如石碑是採以「連州青」，而座腳及碑頂採用麻石，據説目的是為了「增加古色古香之東方意味起見」，又特別在「碑頂刻出二龍爭珠圖案」。[26] 凡此種種，都是意在於現代化的國際大機場旁邊建立東方古代風格的花園，讓四方遊客甫下飛機便感受到香港既現代化又歷史悠久的一面。

1959 年 12 月 28 日，港英政府舉辦了隆重的宋皇臺公園紀念碑揭幕剪綵典禮。署理華民政務司石智益（Patrick Cardinall Mason Sedgwick）在典禮上公開演説，他高度肯定了宋帝力戰元兵維護文化正統的悲

---

26 〈宋王台兩石碑，純粹東方色彩〉，《華僑日報》，1959 年 12 月 26 日，第 2 張第 2 頁。

在宋皇臺公園左右方，放置了中英文紀念碑各一，碑文題為「九龍宋皇臺遺址碑記」，記述宋王臺的歷史意義和搬遷過程。

壯節義，並把「王」正名為「皇」。出自港府高層官員口中的正名與陳述——宋帝「與元兵力戰以挽宋祚及其殉國之史實」的故事，弔詭地幫助香港市民建立歷史記憶，提醒他們華夷之辨的民族大義。此舉反過來卻又有助英國管治者爭取華人支持，使他們為之效忠。職是之故，港府在興建宋皇臺公園花費逾十萬，[27] 金額不多卻讓在地華人商學群體與趙族宗親總會的人事網絡變得更加緊密團結，因其徵集各方意見，凝聚共識，在一度引起社會動盪不安的「雙十暴動」後，塑造出官民協力、共建香港社區的景象。華民政務司還表明，除了宋皇臺公園的景觀，港府還要把李鄭屋村的漢代古墓、大嶼山與長洲的考古，聯合起來一併發展為旅遊景觀，藉此增加海外遊客訪港人數。[28] 此舉有助於提升香港的城市形象，並促進香港市民對本地及文化故國的歸屬感。

---

27 香港歷史檔案館："Sung Wong Toi (The Hill of the King of Sung) Kowloon City," HKRS 410-10-3.

28 〈宋皇台遺址碑記，揭幕禮隆重舉行〉，《華僑日報》，1959 年 12 月 29 日，第 2 張第 1 頁。

港府應是承接清遺及簡又文的見解，把宋皇臺公園外的公眾街道命名為「宋皇臺道」，而不是「宋王臺道」。我們目前雖然仍未找到政府的官方解釋或背後原因的有力闡述，但從結果來看，選用代表帝皇的「皇」，棄用本由皇帝封賞的「王爵」的「王」，在承接文人雅士的政治文化信念的同時，有助於爭取他們的人心與歸屬感。於學界知識社群而言，這代表了官方在修建公共空間文化景觀時，尊重了他們的政治、文化意願，也肯定了他們的學術研究成果。正如簡又文所說的：「『王』應作『皇』，因元脫脫修宋史而不承認宋二帝為正統⋯⋯今港政府有『宋皇臺公園』、『宋皇臺道』之稱，宜矣。」[29]

宗親會與港府的協力，有助於強化港府的民意基礎。在宗親會的活躍成員中，不乏新界本土殷紳富商如趙聿修家族，也有曾任孫中山大元帥府中將及國民革命軍將領的趙超，他們獲邀參與宋皇臺公園的興

29 簡又文：〈宋皇臺是民族精神的象徵〉（四），《華僑日報》，1961 年 2 月 13 日，第 4 張第 3 頁。

建，同時又組織文字工作團隊搜集宋帝南來史料、聘請簡又文擔任主編的工作，以及自資出版《宋皇臺紀念集》，記錄官、學、商共建宋皇臺公園文化景觀的來龍去脈，近呈香港總督及各司，遠寄英女皇、殖民地大臣及大英博物館。理事長趙聿修的信函裏，不忘稱讚港府對中國歷史的葆愛之情。這樣的一個新時代下的文化景觀，可以視為一個擁有結合新舊政治功能的複合體，而不只是一個異代懷古的代名詞。它也是港府展示其如何與在地紳商合作經營的政治標誌，讓英國人在戰後藉以爭取華民人心。最終，不同力量都在宋皇臺公園的文化景觀中各得其益。

歷經近現代坎坷國難，宋王臺有助喚醒人們關於宋末君臣流亡過程中各種以死抗爭、維護正統的歷史記憶，使各種圍繞宋皇臺公園的紀念碑、紀念文集的製作與傳講，不斷延續與強化宋王臺的精神符號——誓死禦外的道德勇氣及敢於犧牲的民族精神。正如〈《宋皇臺紀念集》・序〉所說的：「若九龍之有宋皇臺，洵是民族精神之所寄，而表露於宋之後者也。」[30] 又如〈宋皇臺紀念碑揭幕禮紀盛〉所說的，宋皇臺公園的建立對香港的文化空間獨具意義——「從此，香港、九龍，又增多一具有特殊歷史價值之文化標識。」[31] 宋王臺成為一個獨特文化空間、歷史景觀與集體記憶，正在於它是「民族精神之所寄」與「文化標識」。

四、結語

宋史遺事在九龍的發現與構造，是不同的人從各種正史、野史或民間傳說中精選與演繹而成的；宋皇臺公園的文化景觀與歷史敘事得以發展，是基於後人對現實社會的種種寄託與感懷，而這也促成其成為人工雕琢的文化景觀。

相對於 1920 年代在野及位處邊緣的遺老社群，戰後的港英政府在合理、合法化宋史，甚至是由官員

30 趙超：〈《宋皇臺紀念集》‧序〉，簡又文主編：《宋皇臺紀念集》，頁 5。

31 趙樹勳：〈宋皇臺紀念碑揭幕禮紀盛〉，簡又文主編：《宋皇臺紀念集》，頁 296。

親自登場宣講宋帝故事及表揚宋遺的忠貞勇敢，這樣便構成了一個新的文化景觀。港府本來的目的是因應機場跑道擴建而安撫民心，但在興建新的歷史紀念空間以延續宋季記憶，則無異於肯定了流亡者的抗爭故事及展示對他們的認同，進而透過把宋皇臺公園設定為外國遊客的觀光勝地，[32] 體現了戰後香港在東西方冷戰夾縫中兩種不同思想價值的競爭。如此來看，宋皇臺公園的成立，反過來也讓殖民管治與中國傳統文化找到相容不悖的共存共生之道。明白了這點，我們便了解到殖民者其實是因為宋臺石刻各種可供利用的思想資源，從而大力支持公園的興建，進而使之發揮政治功能。

無論是民初香港還是戰後 1950 年代的香港，「宋王臺石刻」在不同時期的南來者的手上成為了一座紀念中國文化正統的碑誌。它在南來者視角中，是證說香港聯繫中國歷史根脈的紐帶，是貫通古今文化的精神標誌，也是引發民族情感的思想源泉。在多方不約

32 相關資料見香港歷史檔案館："Sung Wong Toi (The Hill of the King of Sung) Kowloon City," HKRS 410-10-3。

而同的努力下，「宋王臺」展現了賡續文化正統、守護國土的民族意識。同時，它也印證了香港歷史文化與中原淵源根脈的關係，象徵中原文化故國在極南之地播遷，是一代一代南來者的歷史記憶所繫之處與遺懷抒興的神聖空間。

第三章

被忽略的舊學旗手：李景康的文教之功與文白取態

嶺南文壇宿將李景康，曾是香港教育界、文藝界、詩壇等場域裏十分活躍的一員。除了童年及抗日時期以外，他人生中絕大部分時間都是在香港度過。從香港大學首屆文科畢業生，到成為港府漢文視學官、官立漢文中學創校校長乃至香港大學中文學院課程起草人 —— 還有他一生出入學海書樓而振興國學的努力，我們看到他在香港推動文化教育、提升中文地位上作出了不少貢獻。他是維繫學海書樓運作的核心人物，尤其是香港光復後的十數年間，學海書樓在他的奔走下得以重開和經營下來。然而，李景康很多時候都為其師輩賴際熙、區大典等人的光芒所覆蓋，致使有關他的研究並不多。

本書認為，賴際熙或其文教事業，如果沒有熟悉政府行政、精通中英文的李景康鞍前馬後打點及跟進，相信會遇上不少阻滯與困難；同樣，沒有李景康的參與，香港的中文教育也難以在 1920 年代中後期獲得地位上的顯著提升。重新認識李景康對香江文教的貢獻與他的中文教育理念，對於了解香港的社會文化、教育發展歷史都會有一定的助益。

一、李景康：值得多加關注的嶺南教育家

李景康，廣東南海人。十三歲（1902）赴港，先後入讀聖保羅書院與聖士提反中學。1912 年，時年二十三歲，李景康入讀新成立的香港大學，成為該校首屆文科學生。李景康自小家境富庶，詩書傳家。父祖輩經商致富，母系一輩為人熟知者為李景康的外叔祖招子庸。[1] 招子庸撰有《粵謳》一書，獲港督金文泰翻譯為英文而得以名傳中外。金文泰督港的 1925 至 1930 年，是香港中文教育發展十分關鍵的時期，同時也是香港歷經省港大罷工工潮後社會重新尋索發展方向的重要時期。金文泰督港的四年多，是李景康

1 李景康：〈異丐〉，《李景康先生詩文集》（香港：學海書樓，2003 年），頁 117。

乃至其師輩在香港備受倚重的時期。李景康自 1924 年獲委任為漢文視學官，1926 年任官立漢文中學校長，1927 年兼任官立漢文師範學校校長，肩負起香港中文教育的重責。

1945 年，日本投降，香港光復。學海書樓同人於香港淪陷期間四散，待至 1948 年學海書樓才復辦學術講座。但講座復辦前的兩三年，自必需要花費不少時間重新籌建書樓，包括修繕建築、重置圖書等等。1946 年，李景康從浙江返港後，便開始參與書樓重開的籌備事宜。自香港重光至 1958 年書樓正式向香港政府註冊為有限公司這十多年間，李景康曾出任學海書樓主席，直至 1958 年後才正式辭任，轉由利榮森接替其職。[2]

由上觀之，在戰後十多年香港社會百廢待興而人心浮動的歲月，李景康是書樓重開、講座復辦的重要人物。他縱橫香港文壇四五十年，又在香港的重要文教機構工作幾近三十年，並有詩詞文集與各類書畫、

2 鄒穎文：〈《李鳳坡先生年譜》輯要〉，《李景康先生百壺山館藏故舊書畫函牘》（香港：香港中文大學出版社，2009 年），頁 392。

官立漢文中學在 1926 年創立後，由李景康出任創校校長。
1951 年易名為金文泰中學。

函牘行世，再加上他多年來的文壇交遊、治學心得、教育業績與文藝造詣等等，足供後世學人鑽研。但是，相關研究如果與他的師輩陳伯陶、賴際熙相比，實在不算多。因此，李景康從漢文視學官到官立漢文中學校長，他對香港中文教育的發展發揮了怎樣的作用、扮演了何種角色，是十分值得我們關注的。同樣，他在港大畢業後至香港淪陷前的二十多年公職生涯中，如何推動香港的文化教育，也是值得我們探究的。

二、李景康的教育事業

李景康師承賴際熙，在港大畢業後重返母校聖士提反中學任教，1923 年應邀回故鄉南海出任教員，1924 年返港後獲港府任命為中文視學官。1925 年 12 月，香港華商為成立官立漢文中學一事聚會，出席者有周壽臣、羅旭龢、李右泉、曹善允、尹文楷、俞叔文、馮平山、劉子平諸君。周壽臣與羅旭龢是兩名香港華人立法局議員，李右泉是華商總會主席，尹文楷是香港教育委員會的成員，曹善允、馮平山都是熱心教育事業的華人領袖，劉子平則是香港政府的新聞審查員。[3] 李景康既是賴際熙的高足，亦是港府任命的中文視學官，他出席當天的聚會是理所當然的。

1925 年 11 月金文泰上任後，香港華商了解到這名曾在港任職十三年的港督熱心推動中文教育，即提出興建一所教授中國文化、文學的官立中學。他們的提議獲金文泰同意，李景康亦獲委任為新創立的官立漢文中學的首任校長。李景康的任命，相信與其師賴際熙有關。賴際熙人際網絡極為廣闊，與香港上層社會之紳商巨賈鴻儒來往緊密、交情深厚。[4] 不論是賴際熙參與創辦的學海書樓，還是紳商們主導的孔聖會辦學團體，他們彼此之間都互為奧援，出錢出力，共成香江文教盛事。故當金文泰與港府發展官立漢文中學時，在地紳商便在固有的孔聖會辦學基礎上玉成其事，迅速實現文化教育以濟時需，使民間辦學

---

3 〈紳商會議請政府在本港創設漢文中學〉，《華僑日報》，1925 年 12 月 10 日，第 2 張第 2 頁。

4 區志堅：〈學海書樓推動中國文化教育的貢獻〉，林亞杰主編：《香海傳薪錄：學海書樓紀實》（北京：中國文史出版社，2008 年），頁 121。

獲得進一步的制度化發展，提高文化教育的地位與影響力。

當香港流行報刊的記者風聞消息後，前往港府教育司署查詢。時任教育司活雅倫（Alan Eustace Wood）向記者詳細說明，並使記者廣告天下當局營辦漢文中學的決心與誠意。活雅倫對華人紳商之辦學熱情也給予讚賞：「政府籌辦中學，得各熱心華人紳商，如馮平山李亦梅諸君匡助。此舉於華人青年學子，獲益不鮮，報界如欲更知政府所辦中學之詳情，本署當十分喜悅見告。」隨後，他還立即召來時任漢文視學官李景康與《華僑日報》記者見面，讓李景康出面講述決定籌辦漢文中學的緣起及辦學目的。李景康詳細地公開闡明此校興建的原因：第一，改變香港中小學過於注重英文而忽略漢文／中文學習的弊病；第二，提高中文的地位，使之不再成為中小學學校教育的附屬品，進而提升學生的中文水平；第三，此校讓學習中文的學生有機會直接升讀擬辦的港大中文學院，所設之經學、文學、哲學與文詞學四科，是為中學生晉升大學的預備科目；第四，此校課程設計結合中國內地的學科訓練，讓學生除了在港直升大學外，還可以返回內地升讀其他大學。[5]

總之，官立漢文中學的開辦，最終目的是要改善香港人中文程度過低的問題，並且致力於提高中文在香港的地位。由此可見，港府與紳商之間就何人出任官立漢文中學校長，早已有定案。李景康在其教育官員職分上主其事，最能通達港府與紳商辦學的用心與目的，同時也是雙方最能信任的人選，故校成之後出掌該校，實在也是自然而然的事。

當官立漢文中學建成後，接踵而至的是香港大學中文學院的創建。同樣，李景康在當中扮演十分重要的角色。當然，兩名太史賴際熙及區大典無疑居功甚偉，並受到廣泛讚揚，但我們還必須注意金文泰與李景康的作用。如無金文泰的支持及主張，單憑紳商或遺老之力，恐怕難有創立文教機構的契機。就此，賴際熙以下之言便已交代了港大中文學院籌備與金文泰的關係。他公開向獲邀出席金文泰港督府茶會的紳商說：「督憲大人自蒞任以來，即命副監督、教育

5 〈香港漢文中學定夏曆來春開辦〉，《華僑日報》，1926 年 1 月 21 日，第 2 張第 2 頁。

司、文科各教員與際熙及區徽五先生等籌訂立大學中文專科，章程涉歷寒暑，規模略具，亟思興辦。」[6]不過，如無李景康這樣一名精通中英文、熟悉港府教育架構及華人紳商或翰林的人居中協調，相信只會事倍功半。

正如賴氏之言，港大中文學院得以創立，經過香港大學文學院內部多番費時討論，最終訂出校方認可的課程綱要。在這個過程中，港大校長至教育司上下與賴區兩太史應是多番見面商討的。但是，由於兩位太史不懂英文，他們在文學院的會議上若有任何意見提出，都需要靠翻譯輔助；而課程的大綱，也需要以英文撰寫以便不懂中文的港大高層審閱。英文造詣甚高，被港府委任為視學官暨官立漢文中學首任校長的李景康，在編訂課程大綱一事上擔當了重要的角色。

李景康本人在為林棟撰墓誌銘時便曾如此自述：「香港大學擬創中文學院，予隨區徽五、賴荔垞兩太

6 〈賴際熙演說辭〉，見於 Papers of Cecil Clementi, Box 22, File 3, pp.44-45.

史之後，忝膺起草之責。」[7] 由此可知，縱然有金文泰的支持及推動，也有紳商出資贊助，但如沒有李景康的學術識見、課程設計的專業才幹，中文學科也難以進入香港的最高學術殿堂，也不能有機會在英人管治之地獲得受重視的席位。

眾紳商中，最為熱心推動中文學院成立的莫過於馮平山。他希望香港那些依靠營商經商為生的香港上層市民不只是趨慕英文教學，也希望香港市民不會數典忘祖，要珍愛經史教育而產生熱愛民族文化的情感。他除了安排兩個兒子入讀李景康任校長的官立漢文中學接受經史教育，又率先捐資贊助成立港大中文學院。他的行動，目的是要讓人對香港的中文教育產生信心。他意識到，中文學院要辦學成功，便一定要讓更多有能力讓子女升學的華人群體了解學院創立的目的，同時也要讓十分強調英語授課以利就業的普通民眾了解其課程內涵。為此，報載指他「特親自往訪李景康君（因李君為中文部章程起草員之一），請其

7　李景康：〈香港大學教授林君墓誌銘〉，《李景康先生詩文集》，頁3。

解釋一切」。以下為李景康發言的要點：

第一，深厚培植中文為中國學生的學術根本，讓學生深知中國之禮教制度學説源流，然後知得中國立國所在，不至盡捨己長而從人。

第二，強調中文學院注重實用價值，並非抱殘守闕只關注舊學。學生在入讀港大前的漢文中學階段，除了學習經史詞章，還需修習英文、西史、世界地理、各種算學以至理、化、經濟等基本科學，讓他們進入中文學院前便已有融會貫通古今中西之學的學術基礎及能力。有關課程必然異於「普通舊學家之得其一偏」，並且十分重視英文培訓。學生連接漢文中學及中文學院，前後總共修習英文十一年，畢業後必然達到「高深中西文程度」，再加上其他用中英文教學的普通科學根柢，完全有利於學生畢業後在官、商、學各界就業，盡顯出實用價值。

第三，如在中文學院畢業，將有利負笈歐美學習專門科學，歸國後將比其他留學生更能出人頭地、更能造益國家發展。蓋因學生既精通本國學問同時又掌握外國專科，供職國家時自然深知本末，遠勝於其他徒具專門學問而無知中國自身學問的留學生。更何況此類學生同時兼擅中英文，毋需憑藉有限的翻譯書籍，可直接閱讀英文書籍，甚至能夠直接用中文著述「新科學書籍」，生產新的知識。如此奇才，「即求之全國，亦有鳳毛麟角之歎矣」。

李景康十分強調官立漢文中學與港大中文學院「一條龍」聯合培養模式的獨特優勢與好處。他極為看重學生的高深中文程度的培養問題，也十分着重學生以國為本、認同民族文化的素質提升，然後再結合英文程度或外國語言文字的修習。他相信這樣的人才不需要借助翻譯便能直接掌握最新的科學新知，並能夠用中文撰寫西學著作，他認為這才是中國當前所急需的人才。然而，眼前的教育並未能培養出「用中文著述科學之才」。[8]

李景康特別注意到，近世日本之強大，在於其教育蒸蒸日上；而教育的進步，則在於「其各科高等教育均有自著之書也」。職是之故，他堅定地指出：「鄙人言譯本不如自著之書適用。」而用中文自著學術書

8 〈關於大學中文重要之談話〉，《華字日報》，1927 年 7 月 6 日，第 2 張第 3 頁。

籍，涉及強國、富國乃至民族興亡之大是大非問題。在他看來，政治、法律、理財等書，每國之書籍必定是著者根據自身所屬國家之制度沿革，細為申說；中國人讀他們的課本，最多只知道他們國家之沿革，但最終不知道「我國之沿革」。因此，自己國家的學術研究，最理想的便是用自己國家的語言文字來研究，否則始終會是枘鑿不入；但是，要深入研究自己國家的各種學科領域知識，又非要精通外國文字知識不可，如此方能深入及知己知彼。凡上諸種催生的難題與局限，因為官立漢文中學及港大中文學院的設置，都可以迎刃而解。

李景康藉此次訪談，大力敦促香港僑胞有能力培養子弟成才者，要把握機會把子弟送進這所將要成立的學府受教，他也呼籲那些留心教育者應在這方面多作深入研究。[9] 承此可知，李景康當時是官立漢文中學與港大中文學院的官方代言人，其主導香港中文教育發展的角色在此清晰可見。過去有關香港文教發展的

9 〈關於大學中文重要之談話〉，《華字日報》，1927 年 7 月 6 日，第 2 張第 3 頁。

研究中，縱然有人注意到李景康的社會貢獻，但未有較為詳細地交待他擔當了怎樣的工作，以及到底作出了甚麼樣的具體貢獻。

此外，翻查香港大學文學院的會議紀錄，我們看到李景康多次列席中文科發展的會議。校方委任一個小組委員會商議中文科發展事宜，成員有賴際熙、區大典、李景康及陳香伯四人；至於執筆將課程綱議草案以英文撰寫予校方審閱的，為李景康。港大銳意增強中文科發展，其學生來源及入學準則，都與李景康任校長的官立漢文中學息息相關。

另一方面，香港大學雖有意成立一所擁有獨立校舍、具規模的中文學院，但港大校方的財務並不穩固，擬建的中文學院就需向外籌措經費。中文學院成立以前，港大於 1927 年曾設立「華文部」，為文學院學生提供中文課程，其創立經費出自康寧及賴際熙於 1926 年籌得的四萬元南洋華商捐款。但這筆錢很快便會花光，故金文泰於 1928 年 2 月 17 日在港督府召開會議，廣邀關心香港中文教育發展的華商出席。與會者有港大領導層及一直為金文泰鞍前馬後的兩名華人左右手羅旭龢、周壽臣，二人當時也位列香港大學校董，並先後在 1926 及 1933 年獲港大頒授名譽法學博士學位。當然，賴際熙、區大典、林棟三人作為中文學院全職教員入列，也是十分正常的事。不過，李景康當時作為漢文中學校長也獲邀出席，反映出他的身份獨特之處。

在會議上，金文泰提出他對中文學院發展方案的看法：如能籌集 130 萬經費則建成獨立於文學院的中文學系（Chinese Faculty）；其次，如能籌集 103 萬，則建成規模較小的中文學院（School of Chinese Studies），學生畢業時未能獲頒學位，所得的為中國語言及文學專業文憑；第三方案是維持過去模式，在文學院四年制學士課程（the Degree Course）中的其中一門科目供學生修讀。如果在 1928 年後，由馬來亞籌得的四萬元耗盡前仍未有新款項進帳，則中文學院的一切設置，便只能回到 1926 年時籌備期的原有營運方案。[10]

在上述的規劃下，基於經費並不足夠成立一個

10　有關論述請見陳學然、吳家豪：《中英關係與殖民管治：金文泰在香港 1925－1930》（香港：中華書局，2024 年），頁 138－172。

能頒授學位的中文學系，1929 年成立的港大中文學院，是港大常規編制以外，只能頒授特別文憑而無法頒授學位的學術部門。雖然如此，在 1920 年代那個大學生鳳毛麟角的年代，有能力供子弟踏入港大門檻，還是十分困難及光榮的事。當時的入學者，透過李景康掌管的官立漢文中學畢業試，便能作為港大中文學院的入學條件。

李景康的雙重身份，有助官立漢文中學與港大中文學院銜接，讓本地學生不需遠赴重洋求學也能一嚐在大學讀書的滋味。港大中文學院首屆學生當中，便是以官立漢文中學的舊生為主，當中包括馮平山的兩位公子馮秉芬和馮秉華。

港大中文學院在李景康居中協調下，成功讓學院與官立漢文中學銜接。在學院上了軌道以後，香港的文教發展，可說是開了新的一頁。李景康的本業是中文教育，但他的視野並不局限於中文教育本身。他希望為香港、為中國培養兼通古今中外的真正實用的人才，而這樣的人才是以中國文化武裝身心，但同時擁有優秀的古今中外科學知識與中英雙語能力的人。惟有這樣的人，才能真正使國家蒸蒸日上。

三、文白之用：以保存國粹為原則

李景康深好詩詞古文，其所存世的著作與信函基本上全以文言文撰寫。李景康執掌的官立漢文中學現存兩本分別於 1928 及 1933 年出版的校刊中，不論是教師所寫的序言，還是學生的詩作、議論文章，全是以文言文撰寫。可見，在中國內地盛行白話文之情勢下，他影響力所及的教育場域中，學生因受其薰陶而仍然慣用文言文書寫。

誠然，李景康對於文言文的堅執，受到其同窗舊友，同於香港大學師承賴、區兩太史，後任香港大學中文學院講師的陳君葆批評。陳氏指李景康為人過於守舊、頑固，甚至以「腐儒」一名相許。然而，從李景康留下的詩文集、演講、訪問稿，並不見其鄙棄白話文之說。他對白話文的觀感，較為明確的論述可見於〈國文研究法〉一文：

> 時髦之士，只知白話之易，抑知文言文根柢薄弱者，斷無工於白話文之理。誠觀今日最推重者，厥為《紅樓夢》。應思

《紅樓夢》作者，不特深研儒釋道三教之書，且工詩詞賦誄，復深研文章法度，始能謀篇布局，章回穿插，曲盡其妙。[11]

據其所言，在「時髦之士」眼中視為容易修習的白話文，往往只是基於一些誤見。在他眼中，真正能夠寫出優秀白話文文章的人，必定是有深厚文言文根柢的人。文言文功力未到家者，是難以工於白話文的。在他看來，學習白話文，與文言文本無衝突。但是，世人卻把文白之爭視為你死我活的敵對關係。他相信，精於文章法度者，是能夠同時寫出優秀白話文文章的。只是，自 1917 年胡適、陳獨秀、魯迅等新文學領袖倡言白話文運動以來，往往把文言文視為洪水猛獸，把經史學問視為阻礙白話文、新文學、新文化發展的重大障礙，必定要除之而後快。

當李景康與主流社會已傾向轉用白話文為書寫載體的氛圍不同時，不但他的同窗好友陳君葆連番批

11 李景康：〈國文研究法〉，《李景康先生詩文集》（香港：學海書樓，2003 年），頁 136。

評他為守舊、頑固之徒，香港大學也在 1930 年代初籌劃改革中文學院。港大校長在 1935 年更請得新文學、白話文運動的領軍人物胡適南來接受榮譽博士學位。李景康雖然不算是港大體制內的一份子，但香港大學中文學院的課程是他參與編訂的，港大的改革正是針對經史路線而展開的。視經學為承傳中國文化的李景康，對於港大校方試圖將經史文教改革為以白話文為主的現代化中文教育路線感到不安，其文化危機感是如何的強烈，實在是不言可喻矣。

正如《陳君葆日記》記載了好友王國芳轉述李景康的話：「若果承認了白話可以替代文言，將來或許會喧賓奪主，文言反而失了地位，如此一來國學便無由去維持了。」[12] 由此，可了解到李景康反對白話文的最根本原因，並非簡單的守舊一言便可將之概括，當中實深含其關於國學無法維持、經史學問萎縮之困心衡慮情狀。

李景康自 1924 年起出任視學官，共仕三任港

12 陳君葆著，謝榮滾編：《陳君葆日記全編・卷一（1932－1940）》（香港：商務印書館，2004 年），頁 133。（1934 年 12 月 17 日）

督。金文泰最支持香港中文教育的發展，李景康親獲金文泰委任為官立漢文中學校長，在政府體制下承傳國學。因為他一直身處政府體制裏，故比一般人更易洞悉港大及時任港督貝璐有意改革港大中文教育的想法，當局於 1930 年代初希望向中國內地的教育政策靠攏。面對 1935 年由上而下官僚力量所推動的中文教育暗湧，觸發了李景康的焦慮感與危機感，這樣也就使他對胡適訪港表現出十分冷淡的態度。在陳氏筆下，李景康的見解「深閉固拒，真是不可救藥」。[13] 相反，在胡適訪港期間，香港教育界群起約見胡適請教推廣白話文的方法；與李景康曾一起任職政府視學官的羅仁伯，更與胡適共遊淺水灣，向他請益白話文的教學方法。然而，與一眾高官紳商熱情接待胡適相比，李景康對於胡適訪港是冷然相待的。當他的老師賴際熙也出席何東為胡適抵港而設的歡迎茶會時，李景康並沒有出席。根據香港《工商日報》，當時出席的官、商、學界領袖逾百人，正如報載所云「濟濟一

13 陳君葆著，謝榮滾編：《陳君葆日記全編．卷一（1932－1940）》，頁 144。（1935 年 1 月 6 日）

堂、極一時之盛」。[14]

陳君葆把李景康描述為極端堅拒白話文的腐儒，不屑其守護文言文的態度。若單看陳君葆筆下勾劃的李景康形象，無異於一些南來者以過客心態評價香港的人事物，單一而粗淺，致使李景康頗有一種由「遺老」培育而成的「遺少」味道，在思想上更被誤以為是趨舊落伍。但事實上，自幼便在香港讀書的李景康，卻是在廣泛接觸西學的情況下一生堅持修習文言文。他體會到文言文便是國學、國粹的載體所在；文字亡則國學亡，國學亡而國家天下必定一亡永亡，這本是晚清以章太炎為精神領袖的鄧實、黃節一脈的國粹派看法，但十分奇妙地在異地的李景康身上異代重現。

李氏處身的香港，當時正是「世俗馳騖西文，敝屣國學，莘莘之徒類皆虐古榮今，數典亡祖」之世。[15] 為了保存國學以保存國家，文言文於李景康而

14 〈我國著名學者胡適之博士昨抵港〉，《工商日報》，1935 年 1 月 5 日，第 3 張第 1 頁。

15 李景康：〈香港大學教授林君墓誌銘〉，《李景康先生詩文集》，頁 2。

言是必須堅持的。直至日本侵華期間，曾返回中國投身軍旅的李景康，面對軍旅公文要以白話文撰寫的要求時，他才心不甘情不願地在百般無奈之下書寫白話文。李景康將此情此景自我譏笑一番：

> 前覆一函，計已得達，年來廁身軍旅，除公牘及吟咏而外，長篇奉命之作不得不從俗，為白話文，彷彿徐娘老去尚效時裝，不無可哂，惟在長官部數月，常任慶弔之文，多作雕蟲小技耳。農曆元旦休暇，偶爾倚聲聊為遣興，玆順附博莞爾。[16]

從這封寫給陳君葆的信函中，他表達了自己「不得不從俗」的無奈之情。承前所述，李景康對於白話文及文言文的迎拒，主要是關乎承傳國學的需要。當香港社會面臨白話文興起而文言文日漸被遺棄的現象時，李景康便自覺有責任盡其所能力保文言文。然

16 李景康：〈李鳳坡致陳君葆函並詩〉，載陳君葆著，劉秀蓮、謝榮滾編：《陳君葆全集．書信集》（下冊）（廣州：廣東人民出版社，2018 年），頁 571。

而，到了 1950 年代，當時移世易而白話文已為香港社會普遍認同時，為保存已日漸被年輕人遺忘的國學文教，他改為認同用淺白的白話文翻譯儒家經典，俾使傳統經典之學能夠得到普及化的傳播：

> 為使孔學於教育發生效力，最佳辦法為編纂一種孔學教科書籍，將孔孟經史分篇節譯白話文，詳闡其意理，課本分為小學、中學、大學程度，以供各級學校採用，藉使一般青年自少養成對孔學之認識。[17]

面臨承傳國學的急切需求，李景康一改對白話文的態度，認為應將孔孟經史譯成白話文向社會大眾推廣。這是基於普及教育為當務之急，讓普羅大眾認識經典文教是弘揚傳統的方法。在這種認識下，白話文在普及教育上的大用是不能否定的。但他本人除在抗

---

17 〈孔聖堂同人聯歡　談商促進孔道〉，《工商日報》，1953 年 3 月 9 日，第 3 頁。

日救國時期因應時需而書寫白話文外，其他時間都堅執書寫文言文，藉以保存國粹。

四、結語

李景康一生雖然守護傳統學術文化、堅持寫文言文，但他不是純粹保守排外。他清楚所處社會環境的優勢與局限，故在香港這個英人管治的商埠下，大力提倡經史之學，致力於提升中文教育，免得年輕人數典忘祖。他十分明瞭香港社會重英輕中的弊病，故興學施教時兼顧英文及合乎社會需要的學科的重要性，期望培養精通古今中外的有用之人。但他強調本末與輕重，冀望學生先自強、自信地立定根基，以國粹、國學為本，然後駕馭英文、科學等學科，在學問上做到知己知彼。同樣的心態，正好也反映於面對已在國內大行其道的白話文書寫的問題上。他縱然肯定白話文有其致用之道，但也十分強調不能捨本逐末。一方面他希望學生先學習好文言文，然後再書寫白話文，藉此寫出優美的文章；另一方面他也十分擔心白話文盛行會危害時人對國學的閱讀及掌握能力。

李景康成長的時代，本是一個習用文言文而熟讀經史的時代，面對傳統舊學因應時代變遷而在教與學的質量上均走向淺白化、薄弱化的趨勢，這使他與時代產生了違和感、落差感及文教傳續的憂懼感。在書寫白話文的時代大潮下，他堅持書寫舊體文、堅持經史講習，慢慢退作潛流而暗自湧動。雖然如此，他展現的文化傳播訊息及在維繫民族身份與情感認同方面的力量還是巨大的。追求美善與追求致用，應是共同支撐社會前進的不可忽略的動力，同時也是不可偏廢的人文價值。

第四章

與時俱變，無關新舊：華商總會領袖對「五四」的迎拒

香港華商總會（下稱華總）是香港歷史最悠久的商會，其前身為成立於 1895 年的華商公局；活躍於香港的華人領袖大多數都是這個組織的成員。在 1920 年代初出任華總幹事的李保葵、周少岐、葉蘭泉等等，都是香港甚具名望的華人領袖。[1]

經過多年發展，華總在 1930 年代已是香港規模最大的商會，甚至取代一向為港人提供慈善服務的東華醫院，成為民間與政府的溝通橋樑。[2] 華總在 1934 年創會二十週年的紀念刊物上，自稱為「全港華商之

---

1 江清：〈香港華商總會（上）〉，《經濟導報》，1952 年第 8 期，頁 15－16。

2 冼玉儀、劉潤和：《益善行道：東華三院 135 周年紀念專題文集》（香港：三聯書店，2006 年），頁 137。

總機關」，[3] 這決非自誇之言。究其原委，在於華總骨幹成員往往是港府倚重的華人領袖。自劉鑄伯起，華總資深成員如周壽臣、羅旭龢均深為歷任港督倚重，成為管治華人社會的左右手。到了 1930 年代，華總吸納了香港當時最有實力的華人領袖如周埈年、羅文錦、曹善允等，他們都相繼獲香港政府提拔出任政府架構內的重要公職。1925 至 1930 年港督金文泰主政期間，官方認定的華人代表主要是周壽臣及羅旭龢二人，他們是華人領袖中的領袖。

所謂華人代表，是特指華人立法局非官守議員。立法局議員的職責除了負責審議法例，也會充當政府與民間的橋樑。華總在值理月會中如有要求政府處理之事，會議決交由華人代表向政府轉達。華總多名重要成員獲政府委派出任公職，與他們在 1925 至 1926 年間的省港大罷工中對港府施政的多方支持、擁護息息相關。期間，他們四處奔走，對內維護香港經濟，

3　在 1934 年，香港華商總會會員人數已逾千人。〈本會二十周年紀念會盛況〉，《香港華商總會月刊》1934 年 1 卷 1 期，頁 51－53。

對外與廣州政府接洽以解決風潮。因此，與其說華總是一個商會，毋寧視之為華人領袖的社會活動舞台與通向政府的要津。華總要員除了商人外，亦有律師、大律師、醫生、政府體制內的華人代表。此外，這些華商往往有多重身份，或是擔任東華醫院、保良局值理，又或是孔聖會、孔教學院的成員。基本上，自1913 年華商總會創立以來，歷任主席劉鑄伯、李玉梅、李保葵都是孔聖會的核心成員；後文將會提及的1931 年出任華商總會主席的黃廣田，也在 1933 年孔教學院創立後出任首屆主席。在香港大學中文學院創立之時，華商出錢出力，當時的華商總會正副主席李右泉、李亦梅，以及後來接班的黃廣田、周雨亭等等都獲委任為香港大學的董事會成員。這些華商不單掌握了經濟命脈，也是實質上形塑香港文化、提供社會福利與興學施教的群體。華商總會作為香港華人紳商集結總匯，在香港歷史中擔當舉足輕重的角色。

本書希望指出的是，華商總會的核心人物對於香港文化及教育的發展扮演了重要的角色，不過，對於向來被視為新舊文化之爭的五四新文化運動，他們的態度其實並不是單一或鐵板一塊的，他們或迎或

拒 —— 由新舊難存到新舊並存，呈現了同一階層同一陣營的社會上層，他們在思想上有其一定的開放性與多元性。曾任孔教學院主席的黃廣田，在 1934 創辦的《華商總會月刊》，便特意設有文藝專欄刊載白話文文學作品。這種轉變，是時移世易後新領導人的思想發生變化，還是因應港府外交策略的改弦易轍而有趨向新文化運動的因時制宜，諸種問題都值得我們進深探究。透過相關研究，相信可以改變一些我們對五四在香港社會文化發展的簡單化看法。

一、華商領袖對五四的態度：1919－1925

政治層面的五四運動爆發後，港府嚴陣以待，即使是派發反日傳單亦會被捕。因此，五四運動在港府嚴控下並未對在地管治帶來衝擊。文學、思想層面的五四新文化運動，也未有如同內地般遍地開花；究其原因，是殖民政府向來重視英文而輕視中文的教育傳統所致，養成香港社會由上而下都不重視中文教育的風氣。同時，香港的知識界，基本上是由不滿於中國內地政局而南來的晚清遺老及上述斥資興學的華人紳商組成。五四新文化思潮在香港可謂沒有推動者，也難有響應者。當時唯一一所大學香港大學的中文教員，就是把廣州學海樓讀經傳統移植至香港的前清翰林賴際熙、區大典，他們在 1920 年代的香港仍然得以「大顯神通」，背後原因是得到熱衷孔聖之道的一眾紳商大力支持。

香港的華商普遍不關心五四運動，不少人本來是想避開辛亥革命後的亂局而移居香港經商。由外人管治下的香港一直保持社會穩定，他們十分警惕中國內地波瀾迭起的政局，對五四新文化運動則多為警惕。相對而言，香港是一個追求穩定、沒有求變欲望的社會。對於管治者而言，其主要的功用是貿易轉運站，可說是一個純粹的商埠。同樣，對於掌握香港經濟命脈的商人來說，穩定是營商最重要的因素，五四所包含的「改革」、「求變」元素，自然不是居港華商期待或接受的思想。

舉例言之，在 1919 年 7 月，華商總會主席劉鑄伯在其出資創辦的育才書社演講，雖然主題是記念一次大戰和平紀念日，不過他在演說中嚴厲地警戒學生不應干涉社會事務，並告誡「學生應該做回學生的責任」、各安本分。[4] 不難推想的是，劉鑄伯是警告育才書社的學生不要仿效社會上一度引起不少人關注的罷買罷賣日貨行動。1919 年 6 月初，香港便曾發生一宗響應內地五四風潮的學生持紙傘遊街案，當時九名八至十七歲的陶英學校學生手持寫上「國貨」的油紙傘遊行，甫上街便遭警察如臨大敵拘捕。持傘案由拘捕至審訊的一個多星期裏，中、英文流行報紙都作出十分詳細的報道，審訊期間律師與檢控官的對話幾乎全部原文刊載，可見社會對事件的高度重視及關注。[5] 無論是政府，還是華總主席，對於社會運動都十分警惕和倡言取締。政治層面的五四難以在香港立足，思想層面的五四同樣難以找到知音。

承前述，香港的知識界主要為晚清遺老，其所專長者唯「經史子集」，與其援為知音的正是一眾華人紳商。華總數名骨幹如劉鑄伯、李保葵、李亦梅、葉蘭泉等均長年活躍於尊孔組織。目前的論述，並不是

---

4 "Kllis Kadoorie School Peace Celebration", *China Mail*, 16th July, 1919.

5 陳學然：《五四在香港：殖民情境、民族主義及本土意識》（香港：中華書局，2014 年），頁 121－125。

要將華總與尊孔組織劃上等號，而是要説明香港的上層社會華人精英基本上都有共同的尊孔文化價值傾向。當他們把中國看作是軍閥混戰而新思潮橫肆的亂局、經學將有斷而不續之危局，香港便成為他們對中華文化道統繼絕存亡的「海濱鄒魯」之地。

華總主席劉鑄伯本身就是孔聖會的創會主席，辦學興教不遺餘力。在殖民政府不重視華文教育的情況下，由孔聖會等民間組織興辦的義學、私塾，填補了華文教育的不足。在 1911 年，孔聖會所辦學堂已有 11 所，受惠學生近千人；[6] 而在該年度，就讀由政府營運或資助學校的學生只有 6,304 人。[7] 由孔聖會興辦的義學，乃以宣揚孔教義理為本。在一場記念孔聖誕的演説中，劉鑄伯大談其辦學目標：

---

6 〈孔聖長劉鑄伯在香港孔聖誕大典上的演説詞〉，載劉中國、余俊傑編：《劉鑄伯文集》（廣州：花城出版社，2017 年），頁 34；到了 1926 年，孔聖會興辦的小學、義學共 35 間，中學 1 間。參危丁明:《香港孔教》(北京:宗教文化出版社，2016 年)，頁 9。

7 Report of the Director of Education for the Year 1911, in Administrative Reports for the Year 1911.P.N2.

> 是今日中國人類之不絕者，皆抑孔子之功也。故今日雖有不孝不悌，不仁不義之人，而人人皆知其非，以受孔子之教化日久，潛移默化，人心在，公理在，故也。可見教化實為一國之命脈，即為一國之生……本會於是仰體孔子之意，故先注意於辦學，傳道兩途……使孔聖之道，大放光明，共救滅倫滅理之惡習，則中國幸甚！孔道幸甚！[8]

劉鑄伯在五四運動前熱心宣揚孔聖之道以教化人心。五四運動後，劉鑄伯認為孔聖之道乃有救國救世等更為重要的現實任務。1922 年，劉鑄伯在主持中華聖教總會宣講堂演講時，表達了對社會風氣的不滿，並指「若孔道亡滅，則必家不成家，國不成國。況以今日之世道衰微，決非提倡孔教，斷不足以救人

8 〈孔聖長劉鑄伯在香港孔聖誕大典上的演説詞〉，《劉鑄伯文集》，頁 34－35。

心而固國本」。[9]

華總另一位極具代表性的人物周壽臣，出席另一場中華聖教總會活動發表演講，亦有類似劉氏之說，其言曰：「今日世風日下，道德淪亡，邪說沸騰，人心陷溺，苟非振興道德，斷不足以救中國之危亡……宣講孔道，默化人心，實為救國之根本。」[10] 周壽臣身兼多重身份，除了華商總會值理外，也是政府倚重的華人代表，在 1926 年更因處理省港大罷工有功而獲委任為首位華人議政局議員（Executive Council，即今日的行政會議），是香港在政壇地位最高的華人。劉鑄伯及周壽臣兩位重量級的華總領袖，對於孔聖之道極為重視，並視之為救國之本；而傳播孔聖之道的手段就是興學施教，直面抗衡日漸播散的新學之風。省港大罷工運動爆發後，曾任華總副主席的何世光便把工潮歸咎於年青學子受新文化煽動而接受過激思想，因此主張棄「新書」、讀孔聖書以救國：

9 〈中華聖教總會宣講堂開幕紀盛〉，《華字日報》，1922 年 1 月 17 日，第 3 張第 1 頁。

10 〈周紳壽臣演說詞〉，《樂天報》，1923 年第 46 期，頁 9－10。

> 抑更有言者，近來青年男女學生，全棄中國數千年道德之教育，而趨向新文化之宣傳。此等少年，血氣未定，最易墨染，不思孝弟之義，致有暴動罷學之舉，良可慨也。即以香港一埠而論，我亦不明各學校之用意，最奇者，名為尊孔，而其內容，多重新書。鄙深望本港教育司、孔聖會、中華聖教總會，及為父母者，對於子女，必以讀孔聖書為根本。萬勿棄卻孔聖所言忠恕廉恥仁義禮信二千餘年如日月之孔道教化也。[11]

何世光明言青年學生亂象之緣由，是他們受新文化影響而捨棄孔聖之道。從劉鑄伯、周壽臣、何世光等人的言論可見，他們心目中的孔聖之道教育理念，在 1925 年後開始受到質疑，新文化的書籍比四書五經更吸引人閱讀。有研究指出，1924 年的學生刊物

11 〈商業維持局大敘會〉，《華僑日報》，1925 年 8 月 5 日，第 2 張。

《英華青年》便有兩篇白話文小説。[12] 它們雖不能説五四思想在香港有甚麼樣的發展，但如果沒有上層社會擠壓的話，它大抵上能夠在香港落地生根。否則，如新文化沒有任何威脅的話，推崇儒學的華商就不必哀歎學校「多用新書」的現實。然而，1925 年爆發的省港大罷工，卻是新文化發展的轉捩點，新文化被視為激進思想的載體，被香港上層社會排斥，致令新文化運動在香港是運而不動。

二、華商領袖對五四的態度：1926－1928

省港大罷工是香港二戰前最重大的政治事件，全港近三分一勞動人口於 1925 年下半年相繼離港。罷工工人封鎖粵港陸路交通，嚴重衝擊香港的經濟、民生。[13] 為守護多年來創立的基業，包括華總多名要員

12 據説除《英華青年》外，1925 年出版的《小説星期刊》亦有刊載白話新詩。陳智德：〈時代思潮與早期香港新詩〉，《香港文學大系·導言集》（香港：商務印書館，2016 年），頁 44。

13 蔡榮芳：《香港人之香港史 1841－1945》（香港：牛津大學出版社，2001 年），頁 121－172。

在內的華人紳商如李右泉、何世光、羅文錦、曹善允、羅旭龢、周壽臣等等，他們在工潮期間與兩任香港總督司徒拔（Edward Stubbs）及金文泰同心合作，以其財力、人脈解決因經濟封鎖出現的糧食和勞工短缺。時任華商總會主席李右泉更曾擔任非官方代表與廣州方面談判。

金文泰在 1925 年 11 月上任香港總督一職後，除了籲請華商一起着手收拾工潮爛攤子外，同時聯結華商大力推動社會文化教育事宜。被他囊括的華商分別有華總正副主席李右泉、李亦梅、值理馮平山、曹善允，以及賴際熙學生、後來成為首任官立漢文中學校長的李景康。他們一起開會，籌謀如何推動香港的經史文教。其中一個較矚目的成果，莫過於創立官立漢文中學。他們希望藉着官立學校的創辦，透過體制影響力幫助「久居於香港的僑民」通曉中國文字，避免他們「數典忘祖」，藉以化解縈繞在他們心中的民族文化危機。[14] 要言之，華商深恐華人居港越久，加上

---

14 〈紳商會議請政府在本港創設漢文中學〉，《華僑日報》，1925 年 12 月 10 日，第 2 張第 2 頁。

傳統文化日衰後便失去中國人的身份認同，而文言文、經學、孔教，就是華商用以強化港人身份認同的文化符號與身份象徵。職是之故，守護經學、文言文，就是守護中國人身份認同。華商的倡議，深得英國牛津大學畢業的中國通金文泰支持。

由上，我們或可了解到，深陷省港大罷工財政困局的香港政府，於 1926 年仍會積極創辦官立漢文中學的背後原因。這除了金文泰認為經學、孔教有利於敦厚人倫、淳化社會風俗而在制度上給予各種便利外，也因為馮平山、李保葵、李亦梅等華商出錢出力所致。他們將本身營運的一所義學轉讓予政府成立官立漢文中學，該校學生主要由孔聖會創辦的義學過渡而來。[15] 在華商而言，他們成功把自己的文化理想和事業送進制度，因有官方認同而增加了學生畢業後升學、工作前景的保障，反過來強化他們自身事業的社會影響力。在港府而言，如此亦可接收在地紳商的文化產業，將其納入制度而強化人倫秩序教化。

---

15 〈香港漢文中學定夏曆來春開辦〉，《華僑日報》，1926 年 1 月 21 日，第 2 張第 2 頁。

不單如此，政府在創辦官立漢文中學的同時，還一併改革英文中學及本地唯一一所大學——香港大學的漢文科。港府增加了英文中學漢文科的教學時數，是年（1926）大學入學試也以「經史文題」、「經史問答題」為題。[16] 金文泰在短時間內大力改革香港的華文教育，被看作是鼓勵在港的知名華商、遺老發揚中國文化，藉以樹立另一套文化、道德和政治思想來抗衡省港大罷工的「革命民族主義」，[17] 藉此以緩和反英情緒，進而「沖淡由新文化及五四運動引起的近代中國民族意識」。[18]

---

16 〈本港學校漢文科大加整頓之先聲〉，《華僑日報》，1926 年 1 月 20 日，第 2 張第 3 頁。

17 高馬可（John Carroll）著，林可偉譯：《香港簡史》（香港：中華書局，2014 年），頁 134。

18 吳倫霓霞：〈教育的回顧（上篇）〉，王賡武編：《香港史新編（下冊）》（香港：三聯書店，2017 年），頁 521。目前學界普遍認為金文泰推動儒學是意圖杜絕中國激進民族主義進入香港。參吳倫霓霞：〈教育的回顧（上篇）〉，頁 483－552；蔡榮芳：《香港人之香港史 1841－1949》，頁 165－168；羅永生：《勾結共謀的殖民權力》（香港：牛津大學出版社，2015 年），頁 139－140；高馬可著，林可偉譯：《香港簡史》，頁 134；Chan Lau-Kit Ching, *China, Britain and Hong Kong 1895-1945* (Hong Kong: The Chinese University Press, 1990), p.228.

的確，政治亂局使華商的尊孔之心更為堅定。在 1926 年 10 月，省港大罷工剛結束，一眾紳商及孔教支持者就舉行盛大的祭孔活動。主持這場儀式的五人之中，兩人正是華商總會副主席李亦梅及資深骨幹李保葵（1922 至 1925 年度華總主席）。主祭李保葵在演講中強調尊孔之心不會因亂局而減少。他說：「本港自工潮發生後，商業凋敝，無可諱言，顧尊孔之心，則無時或息，絕不因環境之異，空氣之殊，而略改其態度。」[19] 在中國內地，「孔家店」既被人打倒，祭孔活動也曾一度被國民政府禁止。不過，尊孔祭孔在香港盛而不衰。也可這樣理解：紳商對孔聖之道的熱心，會有其被港府利用之處，但華商之行動如沒港府的支持或金文泰銳意推動的經史文教發展，他們沒有可能如此高調地實踐文化理想。故此，雙方在保守傳統文化而抗拒新學新潮上可謂互利共贏、各取所需。

---

19 〈香港孔聖會祝聖情形〉，《華僑日報》，1926 年 10 月 5 日，第 2 張第 3 頁。當日出任主祭的李保葵為 1922－25 年度華商總會主席。

推動讀經、加強漢文研習的風氣，金文泰與華人領袖的各種復古「國粹」行為與交往互動，看在1927年訪港的魯迅眼裏，難免遭受一番冷嘲熱諷。[20]香港作家侶倫在回憶錄中也抨擊有些「頭腦頑固」的人見到白話文，就搖頭歎息。[21]一名署名辰江的讀者投稿魯迅編輯的新文學雜誌《語絲》，對香港風氣的批判正好與魯迅的譏評相互輝映：

> 區區小島，竟有偌大的古昔的遺存。Florence是文藝復興的發祥地，香港也大可當國粹復興的發祥地了……香港政府總督金文泰等發起提高香港學生的漢文程度，他們以為以前所做的功夫還未能十分滿意……提高的唯一妙法就是「多讀經史」，

---

20 相關文章可見魯迅所寫的〈略談香港〉、〈談激烈〉、〈再談香港〉、〈述香港恭祝聖誕〉。分別見氏著《魯迅全集》（北京：人民文學出版社，2005年）。〈略談香港〉、〈談激烈〉、〈再談香港〉見第3卷，頁446－456、497－503、558－559；〈述香港恭祝聖誕〉見第4卷，頁52－56。

21 侶倫：〈香港新文化滋長期瑣憶〉，《向水屋筆語》（香港：三聯書店，1985年），頁12－13。

> 即如考入皇仁書院要經義作得好，香港大學畢業要經史合格。[22]

另一篇《語絲》的投稿文章，也指出香港歷史悠久的學府皇仁書院學風守舊。查皇仁書院前身為中央書院，創立於 1862 年，是香港首間英文官立中學，亦為孫中山在港就讀的學校。該校中文教育為了「要迎合『旅港華人』的心理」，因此「聘了一位孔教會會員區翰林來教經史」，授課內容是《十三經注疏》、《資治通鑒》。[23] 當中「迎合『旅港華人』的心理」一語，所說的「華人」便是特指一群忠於孔教儒學的華商。

在金文泰主政期間，華商秉持的孔聖之道在政權協助下得以弘揚，透過中、小學教育而有所播散、發展。還值得注意的，是港大中文學院成功創立一事。1928 年 4 月，金文泰授意同為華商總會值理的周壽

---

22 辰江：〈談皇仁書院〉，《語絲》1927 年第 137 期，頁 20。

23 區翰林即區大典。〈皇娘或皇仁〉，《語絲》1927 年第 118 期，頁 20。

臣、羅旭龢發動「籌辦漢文學院會議」，邀請華人紳商商討籌款事宜；華總的李右泉、李亦梅、李保葵、曹善允、馮平山等均有出席。當中以馮平山最為熱心，除了即場捐出一萬元，往後更捐出二十萬元鉅款興建港大中文學院圖書館。在馮平山的角度，他熱心捐資創辦的原因在於擔憂「港地學子多趨於西文一途，對於中國文化漠不關心」。[24] 確實，在紳商眼中，香港處於中、英之間，在外既要防備激進文化思潮對傳統思想的衝擊，在內也要注意青年學子不會重英輕中，失去中國人的身份意識。

政商組成的上層社會管治階層熱心於復古傳統，是要對抗被視為激進思想的五四新文化運動，當中的反感之情尤受到省港大罷工的衝擊所激化。他們深恐香港青年會再受到激進思想感染，因此高舉儒學以排拒新文化。金文泰因勢利導，將經學納入教育體制，使之成為學生投考最高學府香港大學的途徑之一。金文泰此舉，頗有中國千年科舉制度的影子，讓經學研

24 馮平山：《馮平山先生自編年譜稿本》（香港：中山圖書公司，1971 年），葉 14 下。

習成為進入大學門檻的管道。此舉無疑深得紳商與遺老的支持。

三、華商領袖對五四的態度：1929－1935

經過政商協力營造的保守氛圍，香港與經歷五四洗禮的中國內地城市形成了鮮明對比，南來者途經香港時，每每指斥香港落伍、守舊。1931 年，香港《工商日報》一名編輯在邀稿時，慘遭一名「名作家」怒斥，指「他的心血不能賤沽到那十六世紀的城堡」。[25] 在時人眼中，「香港根本是一個十足的封建舊社會」，「所謂新文學是不得人們歡迎」。即使 1928 年多份報紙開始增設「新文藝副刊」，[26] 新文化也只有少數推動者和響應者。這些只佔極少數的熱心青年創辦的文藝雜誌，因響應者不足，創刊一兩期便無以為繼。

25 〈編輯室談話〉原載《工商日報》，1931 年 2 月 25 日，載陳智德主編：《香港文學大系．文學史料卷》（香港：商務印書館，2016 年），頁 124。

26 康以之：〈關於香港文壇〉，原載上海《出版消息》第 30－31 期，1934 年 3 月 1 日，載陳智德主編：《香港文學大系．文學史料卷》，頁 314。

香港華商作為香港文教事業長久以來的推動者及資助者，他們的取態主導着香港的文化風氣走向。自 1913 年劉鑄伯出任華總主席起，歷任正、副主席李右泉、李亦梅、李保葵都是孔教的忠實支持者，推動孔教經學不遺餘力。不過，1931 年的改選出現了不小的變化。多年來主席選舉都沒有大競爭，這年卻突然出現了尋求改革的「改進派」和沿守舊制的「緩和派」爭奪。是次選舉，除了本地報章大幅報道外，遠至新加坡亦對之多有關注。或許本地報紙與華商關係良好，又或者不少是靠華商斥資支持，故未有將兩派定位；新加坡《南洋商報》則從第三者角度觀察，較能夠沒有忌諱地撰稿評議，直指黃廣田派為「改進派」，原任華總主席李亦梅為「緩和派」。選舉最後有了讓人意外的結果，一直以來主持華總會務的李亦梅、李保葵所屬的「緩和派」推舉的李星衢，竟然被黃廣田、何世亮等「改進派」擊倒，黃廣田當選是屆主席，何世亮則當選副主席。[27]

27 〈香港華商總會選舉結果　改進派大奏凱旋〉，《南洋商報》，1931 年 7 月 23 日，頁 15。

黃廣田早年畢業於皇仁書院，接受西學薰陶，後來出任外國公司買辦，並獲政府委任潔淨局議員等公職，可說同樣是香港政府培植的人才，而他亦顯得比歷屆主席開明。他在 1931 年獲選為主席後便宣佈改組華總，入會者不論行頭「大小貴賤」，「商人不論其負時望否」，均可申請加入，令華總不再「貴族化」，讓更多商號參與，以求增進實力。[28] 黃廣田的舉措，不單是海納百川增強華總實力，更重要是將華總由「貴族化」的華人精英階層變為能夠與一般基層商號溝通的「總商會」。不但如此，黃廣田更將只屬於總會內部紀錄文件的「徵信錄」改為「年鑒」開放予公眾閱讀，將會內事務透明化、公開化。

究查華總年鑒，內容包括各行業在當年的商貿情況、商會內部事務、華總與不同商會及外國領事間的來往書信，還包括華總月會議決事項、中港經濟狀況等。黃廣田的各種舉措是務求將商會帶進民間，將影響力更廣泛地傳播到不同階層。對於會內人事關係，

28 〈黃廣田上任後之新商會　增加會員修訂會章月會兩次〉，《華僑日報》，1931 年 7 月 21 日，第 2 張第 2 頁。

黃廣田處理得很妥當。在取代「緩和派」出任主席後，黃廣田沒有因黨派之見將之排斥，後來更邀請周壽臣、羅旭龢、曹善允、李保葵、李右泉、李亦梅、周埈年等十六位退任元老出任「顧問值理」。[29] 他們盡是社會上極具聲望的紳商，在政商兩界均有巨大影響力；所謂團結就是力量，華總要壯大，就不能有派別之爭。黃廣田讓落選者有體面地退下來，以虛位禮待，求同存異，兼收並蓄，可謂盡顯高超手腕而非大家長的行事作風。這樣，我們就不難理解在黃廣田主政下，力求改革、求新的商會主辦刊物《華商總會月刊》會增設白話文文學專欄的原因了。[30]

事實上，黃廣田跟歷任華商總會主席李保葵、李亦梅一樣是儒學的支持者，他更是孔教學院首位主席。不過其主持華商總會之時，未有積極參與孔教事務。反之，他將精力放於改進香港的商貿事業。從

29 香港華商總會：〈會議紀錄值理月會會議〉（1933 年 12 月 6 日），載香港華商總會：《香港華商總會年鑒》（香港：香港華商總會，1933 年），頁 22。

30 余寄萍，作家及劇作家，又曾以筆名怡紅生寫作。黃仲鳴：〈「三」生逸事〉，《文匯報》，2018 年 9 月 11 日，A20 版。

《華商總會月刊》的發刊詞，可見黃廣田仍是以儒學的思想價值為發展事業所需恪守的宗旨。在這篇發刊詞中，他對商業社會中互相吞併、爭奪的風氣深感不滿，明言「商業本身，不過為無有互通，供求調節之一法」。但他關注到當下商業社會你爭我奪，不為互利，而是各為私利，為此「無所不用其極」的風氣，明言這是絕不可取的。因此，他希望透過「立德，立功，立言」，創辦《華商總會月刊》「廣求積學之士，與商界鉅子，本其以德化人，以功衛人，以言教人之旨，發為文章」，他指出「理勝，則人相讓，社會秩序日進於安寧；欲勝，則人相爭，社會秩序日趨於紛亂」。

黃廣田意圖透過文字宣傳，廣泛宣揚品德教育，達至「立德，立功，立言」三不朽去推廣他的儒商理念。[31] 縱使黃廣田不如數位前任華總主席般以孔聖組織的身份積極推動孔教活動，但他對儒學的理念仍未放棄，而是靈活變通地應用於商業之中。也許因為黃

31　黃廣田：〈發刊詞〉，《香港華商總會月刊》1934 年第 1 卷第 2 期。

廣田靈活和多元開放的思維，致使他對新文化並沒有抗拒排斥，反而接納新文化成為旗下《華商總會月刊》的一部分。在每期《月刊》中都設有「文藝」一欄，刊載有關愛情、刻劃社會百態的短篇小說，也有翻譯法國作家莫泊桑的小說〈街頭神女〉。[32] 以華總的社會地位，非但不如從前般一味大力推動經學儒學，而是在機關報中開闢一個小天地讓新文學、新文化與港人見面；雖然只是一個欄目，但意義卻十分深遠。

華總對於推廣平民文教事業的貢獻，可見於由其出資興辦、營運的華商總會圖書館。根據華總統計，1935 年向公眾開放的圖書館只有四所。政府營運的「公眾圖書館」雖然開放予公眾，但公眾能閱讀的只有六千冊英文書籍；學海書樓圖書館雖讓公眾自由進出，但書籍多為高深的經史子集，共約十餘萬本，每日閱書人數只有約十餘人；馮平山圖書館處於香港大學內，為半開放的圖書館，非港大學生如想前往，需

32 莫泊桑著，黃兆苑譯：〈街頭神女〉，《香港華商總會月刊》1934 年第 1 卷第 5 期，丁一－丁四。

由華總或公立學校校長推薦才有機會進入。華商總會圖書館則為全面開放予公眾的圖書館中，書籍和書種最多的一所。在 1929 年正式啟用時，全港平均每日前往人數為一百四十五人，可說是香港市民獲得知識的一個公眾平台與公共空間。[33]

細看華總營運的圖書館，是一處為普羅大眾提供免費知識的地方。該館藏書分為十類：總記、哲理科學、教育科學、社會科學、藝術、自然、應用科學、語言學、文學、歷史地理，當中以文學類佔最多，借閱人數亦最多。值得留意的是，華總圖書館的文學類藏書，決非只有詩詞歌賦等舊文學，反之，中國新文學散文、小說，外國翻譯文學廣為收入；魯迅的《吶喊》，胡適的《胡適文存》、《白話文學史》，外國名著《浮士德》、《愛的教育》，日本作家芥川龍之介、夏目漱石的譯本亦可在圖書館中借閱。更重要的是，館藏中也有教導白話文寫作的《白話文做法》、《做白話文的秘訣》，可見華商總會決非徹底排拒新文

33 〈香港四大圖書館現狀之調查〉，《香港華商總會月刊》1935 年第 1 卷第 7 期，(乙) 二。

學、白話文。[34] 自 1929 年啟用以來，每年閱書人數由最初的三萬七千餘人，到 1932 年增加至五萬六千多人。[35] 在一個圖書館嚴重不足的年代，華商總會為普羅百姓帶來難得的學術資源，書種包羅萬有，涵蓋古今中外，不論新舊文化，於推動當時香港社會的閱讀風氣而言可謂是與時俱變、居功不少，也為普羅大眾帶來認識新文化的機會。

自香港被實施殖民管治以來，港府一直不注重中文教育，直至 1920 年代，香港仍難以出現現代意義上的知識界；[36] 到了 1930 年代，距離五四新文化推行已經十多年，香港社會因為要吸引內地學生來港升學，同時也要追上國民政府的教育政策，故此才開始響應白話文、新文學。昔日協助金文泰營造守舊風氣的華商總會，在新人事新作風的改革求變下，由新文

---

34 關於華商總會圖書館的藏書目錄，參香港華商總會圖書館編：《香港華商總會圖書館圖書目錄．第一輯》（香港：香港華商總會圖書館，1936 年）。

35 〈香港四大圖書館現狀之調查〉，《香港華商總會月刊》1935 年第 1 卷第 7 期，（乙）四。

36 陳學然：《五四在香港：殖民情境、民族主義及本土意識》，頁 173。

化的攔路者漸變為扶持者，力度雖不算大，但已為1930年代初香港迎進新風打開一扇窗戶。不過，這並不代表新舊文化之間出現了此消彼長的勢頭。事實上，從1931至1937年的《華僑日報》及時人的第一手紀錄如《陳君葆日記》中可見，每逢孔子誕辰，華商領袖和各中小學校都大張旗鼓地舉辦慶祝活動。

四、結語

因國內變局而南下香港的紳商、遺老，主導了早期香港社會經濟命脈與文教事業，他們辦學興教，弘揚孔聖道統。新文化的火苗在1924至1925年間雖曾一度萌發，但始終因為響應者稀少而難以燃起。至1925年，香港再經受省港大罷工的衝擊後，社會反而變得保守和排拒被視為激進思潮代名詞的新文化運動，讓新文化在香港一直難以落地生根。

如說熱衷孔教的香港華商，他們在當時的港督金文泰支持下，與前清遺老在香港共同塑造了保守的民族主義——甚至是令五四新文化運動久久未能進入香港，這種論述雖然沒有錯，但我們也不能忽略當中的時效性。在 1920 年代裏，我們清晰看到香港的古典中國身影，但 1930 年代的香港則又是各種聲音、不同文化景象紛呈湧現的時期。我們可以説，香港是個眾聲喧嘩的地方，不同陣營或立場的人在此各得其所、各展所長。

1930 年，隨着金文泰離職，不但香港大學開始改革中文學院及着手發展新的中文課程，華商總會內部也開始改朝換代。新任主席黃廣田思想較為開明和多元化，更在華商總會籌辦的官方雜誌中開闢新文學欄目。昔日被視為保守象徵的華商，改頭換面成為推動者，也提供園地供新文學愛好者參與。再者，國內政局轉變、日本侵略中國等因素，都促使新文化在香港得以擴散。據此而言，五四新文化在港難以落地生根或運而不動，單單以社會風氣守舊來解釋也是不足夠的；又或者説自新文化運動參與者許地山來港後才推動新文學在港發展，這樣的論述也是有嫌過於簡單化。毫無疑問，華總一眾紳商，他們的思想也不是鐵板一塊地復古拒新；他們或保守或趨新，不同人有不同的思想面相，並且是與時俱進地產生不同的變化。基本上，他們最後表現出來的新舊取態，往往是由時代、環境等轉變因素構成的。同時，我們更加要認識到的是，「文化」不論新、舊，都體現了一個地方社會的文化內涵或城市底蘊，動輒便以文化守舊、落伍而鄙夷為文化沙漠，原是 1930 至 1940 年代南來文人對香港的偏見與誤見。

由上觀之，五四在香港——從 1919 年的運而不動到 1930 年代中期的運而可動，實在是因香港社會內部以至中國國內政局的複雜轉變所致。對華商總會如何迎拒五四運動的研究，正可讓人有多一個視角觀察「五四的在地化」發展，進而釐清它在哪方面別異於發源自北京的「國家的五四」。當然，相關的研究，反過來也讓人看見五四的在地化發展，深刻見證國家政局轉變如何影響香港社會在方方面面的發展步伐。

第五章

新舊共存、各適其適：胡適訪港的迴響與文化意義

胡適與香港大學的淵源，可以從中英庚子賠款說起。1925 年，英國國會通過了中國賠款（運用）法案，決定將一千一百多萬英鎊庚款「運用」於中國作教育事務的發展經費。中英雙方協議成立由六名英人、三名華人組成的「中英庚款委員會」審議庚款的用途。[1] 胡適是三名華人代表中的一員，他支持香港大學可得到庚款的資助。

胡適不但公開表態認同港大應獲得庚款補助來加強華人的中文教育，還提名港大校長康寧出任日後負

1 有關胡適出任中英庚款委員會委員的始末，以及這個委員會組成的原由，請見陳學然:〈胡適出任中英庚款委員會始末新探〉，《近代史研究》2024 年第 3 期，頁 87－100。

責審批庚款的「庚款董事會」委員。[2] 這兩件事讓胡適與香港結下了不解之緣，而胡適在後來也幫助獲得庚款資助的港大發展中文課程。除了促成著名學者陳受頤與容肇祖親赴港大評核中文教育發展方案外，還協助港大聘請許地山出掌港大中文系。職是之故，港大為了答謝胡適的幫助，遂邀請他來港贈授他榮譽博士榮銜。

胡適於 1935 年 1 月訪港，掀起了一股白話文、新文學熱潮。胡適訪港，別異於 1927 年應邀到港演講的魯迅，他沒有像魯迅般受到冷待或惡待，迎接他的是香港大學校方乃至香港政府當局；胡適訪港，儼如國家元首般受到高規格的官式款待。胡適的演講不但未如魯迅所説的受到監控或出現演講會門票被沒收的事件，他的訪問行程更是事先被大張旗鼓地廣刊於報刊。他訪港期間入住港大校長官邸，又與時任港督貝璐（William Peel）同台獲頒榮譽博士。除了港督

---

2 Victor Wellesley ,"Victor Wellesley to Ronald Macleay," 19th Aug, 1926, The National Archives, Foreign Office: Political Departments: General Correspondence from 1906-1966, FO 371/11640/F3173, pp. 75, 122-125. 庚款董事會全稱「管理中英庚款董事會」，於 1931 年正式成立，由中英兩國協商代表組成。

在官邸宴請他外，香港當局最高層官員如輔政司、律政司，以及華人首富何東等為他舉辦歡迎茶會。適百出席者皆是香港最有權力及影響力的上流人士，一眾華人領袖從周壽臣、羅旭龢乃至前清翰林賴際熙、區大典、崔百樾等人也出席宴會與他見面。胡適在港期間應華人領袖邀請發表關於中國科學進步的演講，也為代表香港三百所學校的教師協會演講中國白話文文學發展。種種安排與實質所見之果效，均反映了1930 年代中期的香港是個新文化、舊文化共存不違而又各適其所適的社會；而香港之旅讓胡適對香港的人事物留下極美好的印象，他對各階層的熱情招待也深為感動。

一、胡適訪港：行程與交際網絡

胡適訪港之旅訂於 1935 年 1 月，消息一傳出，便受到香港社會上下高度重視。在他抵達的當天，社會各界熱烈歡迎，在何東為胡適安排的歡迎宴會上，雲集了香港政商學界最為重要的人物，場面極為盛大。胡適訪港的五天，除了出席港大頒授榮譽博士的典禮外，每天都馬不停蹄地會見香港各界代表、發表演說。

香港的流行報紙《工商日報》以〈我國著名學者胡適之博士昨抵港〉為名，以系列文章組成了新聞專題的形式，作出詳細的報道。其中一則報道刊載了逾百出席者的名單，他們盡是香港官、商、學界最有名、最具代表性的人物。以官員來說，除港督貝璐以外，香港政府最高層官員如輔政司（港督以降最高級的政府官員，等同今天的政務司司長）、律政司、警察司等各政府部門首長全數出席。在商人方面，出席者包括獲政府委任為立法局議員的華人領袖羅旭龢、周埈年、曹善允，香港首位華人議政局議員周壽臣，以及華商總會領袖李右泉。其他華商、英商、政要名流，傾巢而出，反映了胡適訪港是如何極端哄動的事情。當天未有出席歡迎宴的港督貝璐，也在胡適領受名譽博士學位的當天邀請他到港督府晚宴，可見香港各界對胡適訪港是隆重相待的。

胡適除了受到政商界領袖熱烈歡迎，香港社會各界亦爭相邀請他演講。抵港當晚，胡適還要依次出席另外兩場歡迎宴會，分別是 7 時在華商俱樂部舉辦的歐美同學會宴會；然後，9 時他要再赴香港大學文學院，參加港大校方舉辦的歡迎會。胡適在這短短的五天訪港行程中，共獲邀出席十多場聚會，發表五場公開演講，還與香港政界、商界及教育界領袖討論中文教育改革的方針。綜合報刊報道、胡適《日記》、胡適〈南遊雜憶〉及陳君葆《日記》，胡適在港活動的情況可見下表：[3]

日期／時間	活動內容
1 月 4 日上午	香港首富何東爵士設宴歡迎胡適。出席者有香港的主要官員包括輔政司、庫務司、律政司、華民政務司，華人代表周壽臣（曾任清朝「奉錦山海關兵備道兼山海關監督」，後移居香港，獲提拔為香港首位議政局議員）、羅旭龢、曹善允、香港大學教授區大典（前清翰林）、前港大中文學院系主任賴際熙太史（前清翰林）、香港影響力最大的商會華商總會的前主席李右泉、李亦梅等政、商、學界逾百人出席。

3 胡適的行程整輯自以下文獻、著作：〈我國著名學者胡適之博士昨抵港〉，《工商日報》，1935 年 1 月 5 日；陳君葆著，謝榮滾主編：《陳君葆日記全集》，卷 1，頁 141－145；胡適：〈南遊雜憶（一）香港〉，收入胡適著，潘光哲編：《胡適全集．胡適時論集》，卷 5（台北：中央研究院近代史研究所胡適紀念館，2018 年），頁 60－65；胡適著，曹伯言整理：《胡適日記全集（1934－1939）》，卷 7（台北：聯經出版事業公司，2004 年），頁 165－168、184。

（續上表）

日期／時間	活動內容
1月4日晚上7時	出席香港留學歐美同學會準備的晚宴。
1月4日晚上9時	於香港大學發表英文演講，題為“The Chinese Renaissance”（中國的文藝復興）
1月5日中午	赴淺水灣香港教員協會（Teachers' Association），並發表英文演講，題為“The Scientific Renaissance”。
1月5日下午	香港大學文學院院長科士打（Prof L. Foster），曾任教清華學校（清華大學前身）的教育家、香港官立文商專科學校首任校長巢坤霖，香港大學馮平山圖書館主任陳君葆陪同胡適乘車遊覽淺水灣、太平山頂。遊覽途中，胡適與同行的巢坤霖交流改良中文系的入手方法。
1月5日晚上	香港大學文學院院長科士打在家中設宴款待胡適，同場出席者有香港聖公會主教何明華會督（Bishop Ronald Hall）。
1月6日上午	拜訪適時在港的國民政府要員李宗仁。
1月6日中午	出席四名香港立法局議員兼華人領袖周壽臣、曹善允、羅旭龢、周埈年為他準備的宴會。
1月6日下午	到華僑教育會以國語演講，題為「新文化運動與教育問題」。胡適當天致信夫人江冬秀，直言當天演講的經歷使他很感動、很高興。
1月6日晚上	在康寧的香港大學校長府邸晚宴。
1月7日下午	出席香港大學頒授名譽學位典禮。香港大學校長康寧授予胡適名譽博士，同場獲頒名譽博士的有港督貝璐。

（續上表）

日期／時間	活動內容
1月7日晚上	應邀到港督府與貝璐晚飯。
1月8日早上	拜訪時居香港的國民黨元老及政要胡漢民，談話一個半小時。胡適〈南遊雜憶〉記下了見面時胡氏説的一句話：「武官不要錢，文人不怕死，天下太平矣。」
1月8日早上	參觀聖保羅女校，與該校校長胡素貞交流。胡素貞畢業於英國牛津大學，是香港的資深教育家與社會活動家，香港首名女博士，同時也是香港首名獲得英皇勛章的女性華人。
1月8日中午	出席香港扶輪社的聚會。出席者不少是香港社會上著名的華洋政商領袖。扶輪社還邀請了不少港大畢業生出席。胡適發表英文演講，題為“Has China Made Progress during these 20 years?”
1月8日下午	與巢坤霖、香港華文視學官羅仁伯一同乘車遊覽九龍。胡適與巢坤霖、羅仁伯交流白話文及運用國語教學的看法。
1月8日下午	到香港地位最崇高的華人領袖周壽臣家中茶聚。
1月8日晚上	到銀行公會出席由銀行家鄭鐵如安排的晚宴。晚宴後，胡適乘船返回廣州，陳君葆及巢坤霖均有送行。
1月25日晚上	胡適由廣州抵港再轉船北返，鄭鐵如、巢坤霖、《益世報》社長生寶棠、港大文學院院長科士打到場送行。

綜上而言，胡適是次南下訪港，固然是香港城中盛事，相信也是胡適人生早期階段裏其中一件使其感到十分得意的美事。他的弟子兼好友傅斯年曾以「我這當年在廣東請你不去」為由，略有醋意地勸阻胡適南下香港。[4] 但胡適並沒有理會傅斯年的勸告，還打趣請傅斯年不要笑他不脱「通天教主」味兒來「開闢殖民地」。[5] 由此可見，胡適亦以「平民主義」對待香港，即使香港這個被時人視為文化落後的「殖民地」，也值得自己抽出寶貴的五天時間去一趟，讓「新」文化遠遠落後於內陸的香港沾染新風，使各階層群體都在他「有教無類」的精神下，獲得他這位新文學「通天教主」點撥教化，故此欣然赴約。相信胡適自己也沒有預計到，香港社會——尤其是香港的知識界與教育界，是那麼熱切地期待他的到來。

4 傅斯年：〈傅斯年致胡適〉，載收入傅斯年著，王汎森、潘光哲、吳政上編：《傅斯年遺札》（台北：中央研究院歷史語言研究所，2011年），卷2，頁640。

5 胡適：〈胡適致傅斯年函〉，收入胡適著，潘光哲編：《胡適全集．胡適中文書信集》，卷2（台北：中央研究院近代史研究所胡適紀念館，2018年），頁381。

二、香港政商界對胡適的觀感

胡適來港雖然有眾多的應酬、交際及學術活動，但他此行的最主要目的是到港大領取名譽博士學位。1935 年 1 月 7 日，他出席名譽博士學位頒授典禮，這是他此次南行日程的重頭戲。名譽博士是香港大學頒授給個人的最高榮譽，獲頒授者一定是在政、商、學界舉足輕重的人物。舉例來說，1933 年獲頒名譽博士的，有香港首位議政局議員周壽臣、港大校長康寧、時任香港律政司金培源（Joseph Horsford Kemp）等六人。[6] 1935 年與胡適在頒授典禮上共享殊榮的，正是港督貝璐。按照慣例，港大的名譽博士典禮交由校監主持，香港總督是港大的必然校監。由於貝璐同場受頒博士榮銜，故港大請來早於 1916 年獲頒名譽博士的何東擔任主禮嘉賓，以示隆重其事。[7]

6　相關資料見於香港大學學位頒授典禮網站，https://www4.hku.hk/hongrads/tc，瀏覽日期：2023 年 7 月 25 日。

7　〈港大舉行第廿六屆畢業禮，貝督與胡適博士均獲榮譽學位〉，《工商日報》，1935 年 1 月 8 日，第 3 張第 1 頁。

典禮上，港大校長康寧的獻辭是如此介紹胡適的：

> 胡博士為中國文字復興之始創者，在中國歷史上，胡適博士之盛譽，刻於墨瀋中，永不能遺矣。中國現在之難題，已為世界所重視。本人亦深信中國將來之難題之解決，胡博士亦與有關係。港大今日賜以榮銜，將來亦當與有榮焉。港大更有較切之理由感於胡博士者，蓋其曾為港大漢文編纂漢文應如何入軌道，現在尚在指導中，嘗有問港香（香港）非中國，何求漢文進步於港大，本校之答案，港大為一專門學院，而求學者多來自中國，故漢文一科，必不能缺乏，抑亦不能不謀進展。今日胡博士在座，本人敢謂港大漢文，必有復興，雖或收效較微，然其必有相當進展也。[8]

---

8 〈港大舉行第廿六屆畢業禮，貝督與胡適博士均獲榮譽學位〉，《工商日報》，1935 年 1 月 8 日，第 3 張第 1 頁。

康寧的獻辭，把港大頒授博士學位給胡適的箇中原因道明。對於胡適在過去支持港大發展及協助將中文教育導入正軌衷心致謝，同時也要透過胡適一變香港的傳統中文教育，使「港大漢文」有新的突破與進展。貝璐致辭時，對胡適也推崇備至：

> ……今次獲賜博士榮銜，適與胡博士同時獲賜之機會，更倍感欣幸。胡博士之聲譽，中國無雙，且為遠東無不崇拜者。副監督頃間所言，胡博士為港大編纂漢文應如何入軌道，極為感激。胡博士為中國文學復興之學者，港大既得其助，斯誠贊助胡博士復興之計劃矣。[9]

出席典禮的嘉賓近千名，除何東出任主禮嘉賓外，政府最高層包括輔政司、律政司、華民政務司、教育司等高官，香港四名最有影響力的華人代表周壽

---

9 〈港大舉行第廿六屆畢業禮，貝督與胡適博士均獲榮譽學位〉，《工商日報》，1935 年 1 月 8 日，第 3 張第 1 頁。

臣、羅旭龢、曹善允、周埈年亦有出席，場面十分盛大。[10]

貝璐在講辭中，除了大力稱讚胡適及感謝胡適對港大改革中文教育的貢獻，亦重提港大對於「為中國造就人才」、促進「中英邦交」、「增進中國學子之利益」的重要性。由此可見，港府高層相當重視港大為中國培訓人才的功能。正是這個原因，港督貝璐與康寧擔心香港的中文教育如不改革，最終不能與新興的國民政府要求的教育方案配合，只會顯得越來越落後和擴大彼此的隔閡，造成訓練的人才未能切合中國現代社會的發展需要；而港大培養的畢業生未能進入中國的官場或社會體制，反過來是不利於維護大英帝國的在華利益。當然，港大的學生如果未能學以致用，也直接局限了港大生源的質與量。

基本上，1930 年代初期由港督至華商領袖，對港大中文教育都有了一些異於金文泰時代的看法。由

10 〈港大舉行第廿六屆畢業禮，貝督與胡適博士均獲榮譽學位〉，《工商日報》，1935 年 1 月 8 日，第 3 張第 1 頁。

此觀之，胡適對港大的幫助及親訪香港，意義非凡。他為香港的中文教育設定了發展方向與指標，在肯定港府及港大領導層的文化方針的同時，也提高了「中文」在香港的地位。頒授禮結束後，胡適與貝璐一起在港督府共晉晚餐。[11] 這一切於國內經常出入官廳甚至宮廷的胡適而言，是毫不新鮮而平常不過的事，但對於百年來華人地位不高的香港而言，也是當時的報刊新聞價值所在。

胡適在港首兩天的演講，聽眾主要為港大學生、港府高官及前線教育界人員。1 月 8 日，胡適獲邀在香港扶輪社餐會上演講，扶輪社當時的成員由香港上層社會的英人及華人領袖組成。是場演講的內容於英文報章《南華早報》（*South China Morning Post*）有十分詳細的報道，差不多佔了整版報紙的篇幅，反映胡適的學術言論與思想觀點深受香港精英階層的重視。時任扶輪社的會長為香港華人領袖羅文錦律師，

---

11 胡適著，曹伯言整理：《胡適日記全集（1934－1939）》，卷 7，頁 167。

他本人是歐亞混血兒，出任多項公職，包括東華醫院主席、亞洲足球協會的創會會長，1935 年 11 月起出任立法局議員。在胡適發表演講前，羅文錦交待了胡適到訪香港的因緣，並熱情讚揚胡適在推動中國發展的巨大貢獻。在羅文錦的介紹辭中，他稱讚説：「胡適博士是中國公認的學術領袖；胡博士不但是學者與哲學家，更是中國現代思想與運動中活躍而強大的領袖者。」

羅文錦的開場白結束後，胡適接着演講。是晚演講主要圍繞五個方向展開：「香港景色」、「中國二十年來的進步」、「政治改革」、「語文改革」、「教育進步」。精通演講的胡適很懂得捕捉聽眾的心理，在正式展開其主題前，他先客套地讚美香港景色秀麗，呼籲各界要透過詩歌、繪畫去記錄香港風景之美。然後，他便進入正題，以「政治改革」、「語文改革」、「科學進步」為要點，將中國過去二十多年來的進步娓娓道來，告訴香港聽眾中國在這段時期的進步是如何巨大。胡適十分自豪地説明中國在二十年裏於教育事業上的顯著進步，單就學生人數而言，他指出：「小學生人數增加了五倍，中學生人數增加了十倍，大學生人數增加了一百倍。民初只有三所大學，但現在全國已有一百一十一所學院和大學。」[12]

演講結束後，香港另一位舉足輕重的華人代表羅旭龢向胡適致感謝詞。羅旭龢也是歐亞混血兒，公職生涯甚長，歷經六任港督；曾先後出任立法及議政兩局議員，並獲英國爵士榮銜，深受香港最高管治階層的倚重。他也熱情洋溢地感謝胡適為大家帶來富有意義的演講。他的論調與羅文錦如出一轍，將中國二十年來在文化上、社會上、經濟上的進步歸功於「中國文化復興」，再進而説明開創新的道路，並不需要捨棄舊有的文化。羅旭龢讚揚胡適「熟識傳統學問，了解到濫用舊學會帶來的束縛，因此有勇氣去解放自己，進而努力從傳統舊學中解放其國民」。[13]

羅旭龢和羅文錦曾先後獲委任為港大校董及立法

12 "Progressive China, Enormous Studies in Scientific Research and Education. Dr. Hu Shih's Rotary Talk", *South China Morning Post*, 9th Jan, 1935, p.10.

13 "Progressive China, Enormous Studies in Scientific Research and Education. Dr. Hu Shih's Rotary Talk", *South China Morning Post*, 9th Jan, 1935, p.10.

局議員，他們是政府賴以諮詢民情、連接港府與華人社會的代表。他們的觀點既反映港府及港大的觀點，同時也代表了華人紳商及民眾的求變心聲，希望在文化及教育發展上與大一統的中國有更多交流與互動。

三、胡適訪港的迴響與意義

胡適訪港，一眾華人紳商與前清翰林出席了他的歡迎會。這些人在 1927 年的時候正是魯迅批評的「守舊勢力」。異於魯迅訪港時與他們緣慳一面，胡適與他們一一見了面。前清翰林對胡適的學說主張縱或各有不同看法，但整體上的觀感還是不錯的，一些舊學知識社群在接觸胡適後甚至產生了一些好感。

在胡適訪港首天，何東為他舉辦歡迎會，居港的前清翰林亦聯袂出席與胡適見面。這些前清翰林基於彼此的學術立場與政見不同，本不欲會見，但可能礙於何東這位香港首富及華人領袖的顏面與交情，最後如約出席。與胡適見面後，他們對胡適的觀感卻不是一面倒的抗拒。據當時在香港大學任教的陳君葆所言，區大典雖然認同救文盲要用白話文，但視「白話文學甚於洪水猛獸」，[14] 另一名前清翰林羅憩棠也認為翻譯外國書籍須用白話，但如果容許了白話文發展，「他日不知禍害伊胡底止」。對於當時推崇文言文及舊文學的保守氣氛仍然高漲的港大而言，陳君葆在日記中指出：「大學裏對於胡適的文學革命論調顯分兩派意見，大派是鄙薄他的白話文學，一派是推崇他文學的見解。就香港的情勢論，大有採取折衷論的需要。」[15]

陳君葆日記的記錄，可以理解為胡適訪港使前清翰林對白話文的性質及其價值多了一些認識及認同。區大典與胡適會面後，對胡適留下了不錯的印象，並稱讚他「吐屬極不錯」。[16] 總體上，被視為思想守舊的前清翰林在接觸胡適後，對白話文的抗拒減輕了一點；然而，港大的學生在聽過胡適的演講後，對艱深

---

14 陳君葆著，謝榮滾主編：《陳君葆日記全集》，卷 1，頁 143。

15 陳君葆著，謝榮滾主編：《陳君葆日記全集》，卷 1，頁 144－145。

16 陳君葆著，謝榮滾主編：《陳君葆日記全集》，卷 1，頁 143－144。

的傳統經學的不滿，也就相對地增多了一點。陳君葆日記記載了他的學生親歷胡適演講後的感受：有學生指一比較胡、區二人演講，就能看出優劣；一人指「『區老師』講來講去總不外那一套話」，還有一個對經學反感的學生陳錫根直指經學「簡直是騙人的東西」。[17]

胡適除了在 1 月 5 日中午用英文向香港教員協會演講〈科學文藝復興〉外，也在訪港的第三天中午，應香港九龍三十多間學校的聯合邀請，為三四百名中小學教師特備一場國語演講。華僑教育會的代表奉函胡適，希望他能夠對旅居香港的「八九十萬思想落後群眾」，作出「發聾振聵之言」。胡適出席演講時，對於各方的熱情深感鼓舞，他於當晚致信妻子江冬秀，與之分享感受時洋洋得意之情溢出紙端。他如此描述講座盛況及會後感受：「聽的人是三四百中國中小學教員，講完後他們搶着拿小冊子來叫我簽個名字在上面做紀念，又拿了許多紙來請我寫字。我寫的手

17 陳君葆著，謝榮滾主編：《陳君葆日記全集》，卷 1，頁 159。

都酸了。但我心裏覺得很感動。」[18]

胡適在演講及宴會以外，還抽了兩天時間乘車遊覽香港的山色美景。陪伴胡適郊遊的除了香港大學文學院院長，還有主管香港華人語文教育的教育司署官員。他們分別是羅仁伯和余芸。羅、余都是香港教育署高級視學官，香港著名教育家巢坤霖亦有同行。他們在駕車與胡適同遊時，藉機向胡適請教「改良中文系的入手辦法」。[19] 胡適在日記裏對於他們的遊覽經過，以及推動國語、白話文教育的對談內容有詳細記載。[20]

胡適的到訪，除了得到社會各界關注，也有一些年青學子撰文投稿抒發他們對胡適訪港的看法。例如一名在讀學生鄭德能，在胡適訪港期間有機會聆聽演講，後來更寫下一篇〈胡適之先生南來與香港文學〉投稿報刊，記述了胡適來港引起的迴響及香港文壇的

---

18 胡適：〈胡適致江冬秀函〉，收入胡適著，潘光哲編：《胡適全集．胡適中文書信集》，卷 2，頁 387。

19 陳君葆著，謝榮滾主編：《陳君葆日記全集》，卷 1，頁 143。

20 胡適：〈南遊雜憶（一）香港〉，收入胡適著，潘光哲編：《胡適全集．胡適時論集》，卷 5，頁 63－64。

弊病。胡適借助油燈與電燈、人力車與汽車作比喻，說明新學與舊學的價值，鼓勵聽眾、時人要多思考它們是否切合當前身處的時代需要。[21]

胡適對香港之行極為稱心滿意。透過胡適南來，我們看見了粵港民生日用、政治與經濟緊密互動的關係，而遠至北京的知識社群與香港也有不少交流。但從 1935 年胡適南來大力鼓吹白話文一例可見，香港斯時大行其道的仍然是舊體文，新文學在香港仍未算風行。不過，香港的上層社會在當時並沒有抗拒白話文，也沒有排拒新文化，而是展現一種包容新舊的態度。香港這種包含多元文化面相的特質，也是一種值得關注的現象。

不過，胡適訪港折射的意義，不只在於胡適其人、其學或其事在香港如何受到推崇或者他如何名振域外，值得我們注意的還有香港在地紳商或遺老對中國內地社會變化的態度，當中也包括了他們對於新文化、白話文學接受程度的改變。當中的意義，一旦對

21 鄭德能：〈胡適之先生南來與香港文學〉，收入鄭樹森、黃繼持、盧瑋鑾編：《早期香港新文學資料選，1927－1941》，（香港：天地圖書，1998 年），頁 21－22。

比早胡適八年訪港的魯迅筆下的種種，就更鮮明地呈現出來；甚至可以說，胡適訪港的意義，乃改變了魯迅視角下那個壓抑的、「無聲」的香港。

1927 年南來香港的魯迅，將香港視為保守落後的地方，金文泰成為他嘲諷的對象：

> 文宣王大成至聖先師孔夫子聖誕，香港恭祝，向稱極盛。蓋北方僅得東鄰鼓吹，此地則有港督督率，實事求是，教導有方。僑胞亦知崇拜本國至聖，保存東方文明，故能發揚光大，盛極一時也。今年聖誕，尤為熱鬧，文人雅士，則在陶園雅集，即席揮毫，表示國粹。各學校皆行祝聖禮，往往歡迎各界參觀，夜間或演新劇，或演電影，以助聖興。[22]

魯迅筆下的香港是沒有受現代文明薰染的地方，

22 魯迅：〈述香港恭祝聖誕〉，《魯迅全集》，卷 4（北京：北京人民文學出版社，1981 年），頁 42。

港督是振興傳統國粹的領袖，「督率」香港僑胞祭孔尊孔，與打倒孔家店的北京上海等地大異其趣。透過魯迅的嘲弄筆調，反映了香港這個僅餘不多的中國古典文化空間，是由上而下不同階層人士所塑造及參與下形成的。當中，港督與華人領袖毫無疑問是主角。魯迅的另一篇文章，繼續針對他們發出嘲諷式的感慨，勾劃出香港的特異文化空間：

> 香港雖只一島，卻活畫着中國許多地方現在和將來的小照：中央幾位洋主子，手下是若干頌德的「高等華人」和一夥作倀的奴氣同胞。此外即全是默默吃苦的「土人」……。[23]

魯迅的文學筆調，勾劃了一幅可圈可點的圖景——從「無聲的香港」到「無聲的中國」，「活畫」出香港這個小島種種不堪的景象，更加映照出「中國

23 魯迅：〈再談香港〉，《魯迅全集》，卷 3（北京：北京人民文學出版社，1981 年），頁 559。

許多地方現在和將來的小照」。的確，香港是由洋主子主導，他們透過「手下若干頌德的『高級華人』」實施間接社會管治。但不能忽略的是，在這種以華治華的策略下，僵持了十六個月的省港大罷工雖然嚴重打擊香港的經濟發展，但社會秩序在華人領袖配合下竟未出現動盪不安的局面。在廣州政府恢復與香港官紳會談，而工潮再因為北伐革命而告終後，香港的經濟便隨即復甦過來。在這個過程中，華人紳商扮演了十分重要的角色，在與廣州政府的互動及促進兩地政府的合作往來發揮影響力。南來者匆匆的一瞥，只能說是管中窺豹，一些描述與結論，往往夾帶着抒情者的一份文學想像。強勢的說故事能手魯迅，文風犀利，一言九鼎，反過來也掩蓋了香港的在地文化聲音，壓抑了香港一域多元而豐富的文化底蘊。

魯迅因為在香港的不快遭遇，諸如被盤查或自以為講座被干擾，致使在激憤情緒下用尖酸刻薄的言辭揭示香港華洋社會領袖沆瀣一氣、底層民眾軟疲無助的面相。然而，魯迅的視角只能是其中一個有助我們了解 1920 年代香港的視角。他當年匆匆到訪，正值曠日持久的省港大罷工剛剛結束之際，金文泰仍然實施嚴厲的管控措施，執行新聞審查，搜捕「危害」社會安寧的人，密切防範香港再度發生工潮。這些一旦進入了向來情感激烈而文字辛辣的魯迅眼簾，便不無偏激地認為香港是一個如何保守如何落後如何專制的地方了。

四、結語

要之，魯迅經歷的香港，是發生大動盪政局後官方將經史舊學納進制度以成管治手段的時期；胡適訪問的香港，則是港府欲將制度內的經史舊學革新，推動國語教育及白話文發展，藉以配合現代中國社會發展所需的新時代。時代的不同，造成他們在香港的不同際遇，催生對香港截然不同的感受。胡適對於自己南來香港的整體結果，是感到十分滿意的。他所到之處，達官貴人與舊雨新知均前呼後擁；他的中國文藝復興及新文學運動的學說理念也有機會在境外闡釋，並且得到香港在地社會管治階層及精英知識群體的基本肯定；他本人對於香港的國語教育、白話文發展乃至中文教育，均寄予殷切期盼。可以說，胡適南下訪港，颳起了一場新文化旋風，也為香港華洋社會了解現代中國提供了新的視角與機會，而這也反過來讓本身相對處於弱勢的新文化或白話文文學的地位獲得了一些提升，引起在地社會的關注，形成了香港新舊並存而各適其適的局面。就在胡適 1935 年 1 月訪港後不久，對香港教育影響深遠、由英國皇家督學賓尼（Edmund Burney）主導的《賓尼報告書》於是年 5 月出台。[24] 此前，香港的中小學大多數只是私塾學校或不正規的中小學。《賓尼報告書》的教育改革，代表了更為重視英國在華、在遠東整體利益的倫敦的意願，敦促香港政府要大量擴建官立的中小學，並且要推行國語與白話文教育，藉此提高華人接受教育的機會及推行接近中國教育模式的中文教育。當然，這樣做的最終目的，還是離不開英國維護其於新上台的國民黨政權管治下的中國的切身政治利益。

總言之，胡適的訪港之旅，實在是引起了在地的不少迴響，彰顯了其人其學的時代意義與影響力。直

24 E. Burney, *Report on Education in Hong Kong*, (Hong Kong: Hong Kong Government, 1935), pp. 24-25.

至戰後的 1950 年代中期，胡適還出任了新成立的聯合書院的榮譽董事，可見胡適與香港文教淵源之深。本書多次出現的紳商領袖周壽臣亦名列其中，而這也反映了香港文教的發展從過去到未來，與在地紳商的參與是有緊密的關係的——即使是南來者興辦的私專院校也不例外。

第六章

自生自滅的文教事業：香港私專院校的創建與轉型

1950 至 1970 年是香港私立中文專上院校（私專）發展的高峰期，這不僅是香港一隅的政治氣候所構成，其實也是整個國際時局的政治產物。戰後東西方兩大陣營於冷戰局勢下，於軍備、意識形態等多方面展開激烈競爭，但又在高度緊張的關係下維持一定的平衡狀態，藉以防止發生大規模的軍事、政治衝突。冷戰的思想框架在香港體現為國共兩黨政府及其背後兩股不同的意識型態 —— 以英美為代表的民主自由世界與中蘇為代表的共產主義之間的思想衝突、對峙。冷戰時期的香港是英美在亞洲的軍事情報及政治、經濟活動的中心，更是美國圍堵共產中國的前哨地。

戰後的世界時局轉變，直接改變了香港的社會環境；再隨着國共內戰後中國共產黨取得政權，大量人口南下而使香港在短時間內人口激增，為香港住屋、交通、醫療衛生乃至人力資源及教育等社會服務帶來極大衝擊。大量流亡到港的國內高級知識群體與青年學生，他們對生活與升學的需求，直接催化了私專的誕生，改變了香港的教育生態。香港本來只有香港大學這所唯一的大學，它的教學語言以英文為主，每年收生不足百人，絕大部分的南來青年要進入港大門檻是可望不可即的。私專遂成為安頓龐大青年的重要進修及安身之所。一時間，私專於香港浸然興起，為逃難到港的青年難民提供教育機會，私專因此也往往被辦學者如錢穆、唐君毅等自詡為「流亡大學」，希望在香港這片被英國殖民管治的中國固有領土上為國養才、儲才。

香港的私專發展與戰後獨特的冷戰思想框架及南來群體的歷史背景是息息相關的，不少本來已在內地擁有大學教席的學者，因應內地政權易幟問題而相繼離開故土，來港後續操故業。由他們創辦的私專，實際上也延續着辦學者在內地的文教事業與時代意識，預示着中國國內的政治問題與文化教育模式在香港的延續與發展，同時他們在延續這些固有文教思想觀念而在異域求存，必須面對新變局帶給他們人生、事業的各種挑戰，不得不因時制宜、隨時而變。

一、「手空空，無一物」：私專的創建與限制

1940 年代中後期國共內戰期間，大批不認同共產黨政權者南移香港。香港人口空前激增，由 1949 年約 70 萬，至 1950 年末一躍而升至 206 萬，1956 年更高達 253 萬。[1] 大批新人口的加入，當中自然也包括高中生，他們對知識學業的追求促成私專院校的湧現。在有如雨後春筍般湧現的私專中，比較著名的便有錢穆、唐君毅等創辦的新亞書院（1949），陳濟棠、林翼中創辦的珠海書院（1949）。餘者還有廣大書院（1949）、香江書院（1949）、崇基書院（1951）、光夏書院（1949）、華僑書院（1949）、文化書院（1949）、廣僑書院（1952）〔後四校與平正會計專科學校（1937）於 1956 年合併成聯合書院〕、香港浸會書院（1956）等等。這些院校為香港培育出數以十萬計的莘莘學子和知識份子，其貢獻是十分值得注意的。

1 *Hong Kong Annual Report 1950*, p.19. *Hong Kong Annual Report 1956*, p.31.

私專雖為香港社會提供專上教育，幫助香港殖民政府解決了一些青年人的升學或教育問題，但港府沒有肯定絕大部分私專的教育貢獻，沒有認可它們的辦學資歷及該等院校畢業生的學歷，讓私專的發展受到極大限制。新亞書院創辦人便以「手空空，無一物……艱險我奮進，困乏我多情」為校歌歌詞，道盡私專辦學之艱辛。

港府當時貫徹的是英國殖民地傳統，認為一個殖民地只能容許一所公立大學。因此，私專不能自稱為大學。教育司官員巡查完新亞書院後，勒令新亞必須將門口的「大學部」牌匾卸除。對於私專冠以大學或學院之名悉所反對，只能用書院一名冠之。政府在一段長時間裏無所作為，用錢穆的話就是：「港政府既不禁止，亦不補助。」[2] 這一切限制，使私專在發展路途上遭受不少困難與挑戰。私專畢業生學歷與中學畢業生無異，嚴重局限了他們在港的就業競爭力。

2 錢穆：〈新亞書院〉（續二），《八十憶雙親師友雜憶合刊》（台北：東大圖書公司，1983 年），頁 275。

相反，私專的辦學資歷獲得台灣或美國、日本等海外大學認可，如華僑工商學院、廣僑書院的畢業生能夠在美國紐約、加州、密歇根等地的大學升學。[3] 不只如此，當港府沒有資助私專辦學時，美國的一眾基金會諸如亞洲基金會（The Asia Foundation）、洛克菲勒基金會（Rockefeller Foundation）、美國福特基金會（Ford Foundation）、孟氏基金會（Mencius Foundation）等卻為它們提供了不少辦學的資源。

上述那些基金會，有些是在冷戰局勢下受命駐港開展環球圍堵共產主義擴散工作，另外也有一些如雅禮協會（Yale-China Association），是在香港延續內地經營多年的宣教、慈善事工。雅禮協會早於 1905 年便於湖南長沙開展宗教、慈善及教育活動，曾先後建立護理學院、醫學院及華中大學。1949 年後，這些非政府組織撤離中國而遷至香港，一方面靜待時機重回大陸，一方面也在港尋覓合作伙伴或值得資助的機

3 〈華僑工商學院設獎學金〉，《華僑日報》，1952 年 9 月 3 日、22 日。〈廣僑書院學生可直升美大學〉，《華僑日報》，1953 年 2 月 3 日。

構，延續他們的宣教使命及教育事工。一些具政府背景的組織如亞洲基金會乃至美國駐港機構美國新聞處，1950年代也在金錢、人力及物資上援助上述私專院校發展。

在這些具美國背景的基金會中，孟氏基金會在推動香港中文專上院校青年學生教育事務上十分活躍。在港府沒有財政援助下，該會應合私專所需而設立圖書館，一度成為香港、九龍「僅有之中文公眾圖書館，擁有中文書籍七萬冊」，而使用人數每年達十三萬三千人。該會還為大專生提供宿舍，出版教科書，舉辦專題演講、辯論會和教育電影放映會等文娛、康樂及福利活動。[4] 孟氏基金會圖書館成為當時南來學人及流亡青年學生最常聚會、交流與碰面的半開放公共空間與文教平台。在唐君毅1950年代初的《日記》中，便常常出現他在孟氏圖書館開會、閱書的記載；新亞舉辦的師生活動，孟氏圖書館職員也相隨同樂。

---

4 〈孟氏圖書館太過擠迫　希望各方捐贈新址〉，《工商晚報》，1959年5月20日，頁4。

不過，雖然有不少基金會願意資助院校發展，但相關援助還是極為有限的；一般的私專要獲得它們青睞也不是容易的事。私專只能在營辦得有一定的績效或影響力的基礎上，方能吸引外來援助而支撐下去。在一眾私專中，上述提及的新亞、聯合、崇基等三所書院是最幸運的了；當中尤以崇基廣獲各方資助最多。它除了由英國、美國、加拿大的基督教組織資助籌建，還獲得港府給予免費的辦校地點與免除利息的建校貸款。

一些規模不大的私專就很難吸引基金會資助，出現所謂「貧者越貧，富者越富」，甚至是院校自生自滅的結果。曾任職於香港教育司署的錢清廉，於 1957 年呈交香港政府的《香港私立中文專上院校報告》（*Report on Hong Kong Private Chinese Post-secondary Institutions*）便指出私專院校財政窘困而設施嚴重不足的問題。資源不足下首當其衝的，莫過於薪金極其微薄的私專教師，他們難以維持生計，往往要靠稿費應付生活開支。歸根究柢，這些院校因過於親台或反共，難以得到欲維持左右兩翼政治平衡的港府在財政上的資助，教員薪金比不上資助院校，[5]部分甚至比中學教員還要低。譬如説，最早獲得「學院」稱號的崇基學院（$400－$1500）及聯合書院（$600－$1200）的全職教師薪金，遠比珠海書院（$540－$800）高。[6]（按：本書所見各書院最早都稱為「書院」，後來隨着被政府認可的年日不一，而出現了由書院演進為「學院」的名稱轉變。當然，部分私專和新亞書院一直保持舊稱。）

私專學生絕大部分都是來自抗戰、內戰期間中國各地的難民，當中尤以粵籍學生為主。他們的年齡層分野很大，由十七歲至四十歲不等，其中不少都是超齡學生，他們大多在日間工作而於夜間進修。各所院校的收生標準不一，多數要求學生擁有高中畢業證書或同等資格學歷，並通過書院入學試才獲准入學。入學者的資歷與學術水平參差不齊，有的院校的新生具備高中生水平，有些則只有普通中學生的水平。根據

5 "Report on Hong Kong Private Chinese Post-secondary Institutions", in Hong Kong Miscellaneous paper 1946-1957, For Sir Christopher Cox's Information, 24 May 1957, CO 1045/73.

6 "Report on Hong Kong Private Chinese Post-secondary Institutions", in Hong Kong Miscellaneous paper 1946-1957, For Sir Christopher Cox's Information, CO 1045/73.

錢清廉報告所指：「在大多數情況下，專上書院的入學標準均要遠低於戰前一流的中國大學。」[7] 不過，幾乎所有私專都會開辦文、史、哲學科，用以宣揚民族國家意識，強化強國救國的目標。

此外，私專也努力適應香港社會環境所需，試圖在文、商兩大類學科外開辦工程學科甚至海洋學研究的科目。以德明書院為例，它開設的科目計有中國語言文學、英國語言文學、社會教育、新聞、史地、藝術、家政、音樂、經濟、工商管理、會計銀行、土木工程、建築工程、電機工程、數理、機械工程、海洋學共十七個學系及先修班。[8] 遠東書院於 1959 年改制，增辦日校，設文史、新聞、社會教育、經濟、會計銀行五個學系。[9] 以 1950 至 1970 年代間較重要或較著名的私專課程觀之，課程設計算得上很多元化。諸

7 "Report on Hong Kong Private Chinese Post-secondary Institutions", in Hong Kong Miscellaneous paper 1946-1957, For Sir Christopher Cox's Information, CO 1045/73.

8 〈德明書院取錄各級新生名單〉，《華僑日報》，1961 年 8 月 13 日，2 張 4 頁。

9 〈遠東書院畢業　黎嘉潮勉各生〉，《華僑日報》，1961 年 8 月 14 日，4 張 2 頁。

如社會教育系、外國語文系、經濟系、會計銀行系、商業管理系、土木工程系、機械工程系、海洋系是當時不少院校鑒於現實社會所需而開設的科系。[10] 以單一的專科或院系觀之，排在最受歡迎的前五名都是偏向實用的，尤以專教英語的「外語」學系／課程最受歡迎，其次是經濟學；此一供求結果反映了香港作為商埠或轉口港的殖民社會人力需求與就業情況。

錢清廉的調查報告書指出，私專開設了大量科目，表面上看起來十分多元化和齊備，但實際上外文、商科之外的許多科目都只有很少人修讀。各個書院的課程設置，彼此之間也欠缺協調。他建議，這些書院通過課程重整，從而更有效地使用有限的資源，避免出現當前過多重複的課程設置。他認為一所書院的某些課程，如放在另一所具有專門設備的書院開設，結果將會是更具優勢。最具代表性的例子就是，多間書院同時開設了許多經濟學課程，但不見得這些書院都具備開設的條件。因此，院校之間應該要有所

---

10 〈港台大專學校簡介〉，《大學生活》第 2 卷第 3 期，1956 年 7 月，頁 57－58。

協調，避免因為缺乏規劃而不斷地相互重複。如果在課程設置有理想一點的協調，私專院校的課程便會更貼近香港社會在專業、技術和文化上的需求。[11]

曾任教於聯合書院的流行小説兼戲劇作家任穎輝，他對於 1958 年的私專院校的不足有如下六點觀察：

第一，校舍與設備嚴重不足：「香港私立大專院校，自建有完善校舍的，實在無幾，即已有自建校舍的，距大學設備標準相差還很遠。」

第二，學校行政欠缺專業及完善的管治制度：「學校成為個人私產，或為極少數人把持。」

第三，學生在量與質的問題上參差不齊、缺乏學習情緒，更有不少院校沒有適當教材，教學方式被動和刻板。

第四，私專院校大多只設文商兩院而缺乏理工醫科的教學模式，難圓每年四千名以上高中畢業生升學之夢。

11 "Report on Hong Kong Private Chinese Post-secondary Institutions", in Hong Kong Miscellaneous paper 1946-1957, For Sir Christopher Cox's Information, CO 1045/73.

第五，缺乏為學生提供生活與就業上的指導，學生難有能力面對複雜的社會環境，導致學無所用以及遭受失業的心理打擊。

第六，進行課程改革以適應目前社會所需，不能墨守繩法、一成不變。[12]

1957 年 1 月，新亞校長錢穆、聯合校長蔣法賢及崇基校長凌道揚等數人成立香港中文專上學校協會，[13] 該會欲以聯絡各私專以加強彼此協作關係，並由此形成一種向政府爭取資助及合法權益的壓力團體。在這三家院校積極爭取和推動下，最後促成了中文專上院校統一文憑試，更成為中文大學得以成立的先聲。[14]

---

12 任穎輝：〈香港大專院校應如何改造？〉，《聯大教育》創刊號（香港：聯合書院社會教育學會，1958 年），頁 5。

13 〈與中文大學有密切關係的中文專上學校協會簡介〉，《華僑日報》，1959 年 8 月 31 日，第 4 張第 1 頁。

14 〈最後一屆中文專上院校統一文憑昨日頒發典禮：輔政司戴斯德致詞，對中文專上學校協會之工作成就備致嘉許〉，《華僑日報》，1963 年 11 月 22 日，第 4 張第 2 頁。

二、一所用以收編私專的新大學的成立

由於私專資源十分有限，無法容納所有立志升學的中學畢業生，學費一般也較為昂貴，普通家庭實在難以負擔，而本地唯一一所大學的學額則又極為有限，這便驅使部分學生只能選擇轉赴內地或台灣繼續求學。[15] 兩岸政府於 1950 年代，適時啟動青年學生的爭奪戰，為有志求學者提供十分優厚的僑生政策。[16] 港府十分關注左右兩翼的港生爭奪戰，根據 1958 年一份警方的報告指出，台灣已批准約 5% 的親台學校學生升讀台灣的大專院校，[17] 而內地政府亦在廣州重開暨南大學吸引港澳學生升學。[18]

因應此變，港府感到不能袖手旁觀，因它將會為殖民管治帶來政治風險——學成歸來的學生會傳播

15 〈僑生赴台升學解決就學問題〉，《華僑日報》，1955 年 7 月 7 日，第 1 張第 2 頁。

16 D. J. S. Crozier, "The Post-Secondary Colleges of Hong Kong", CO 1030/571.

17 "Extract from Hong Kong Police special branch summary No.2", CO 1030/571.

18 "Communist affairs and activities in China", CO 1030/571.

共產思想。港府深知無論是漠視本地青年的升學需要，還是任由有強烈政治取向的私立院校（哪怕是受美國資助且辦得比較好的幾家）不受規管地自由發展，都會為港府當局帶來管治危機。同時，如不加管制地縱容的話，也會顯得太支持美國反共而不利於維護英國在中國的利益。[19] 時任教育司的高詩雅（Douglas J. S. Crozier）曾自稱不希望設立第二所大學，但鑒於時局轉變而不得不改變想法。[20] 作為第二所官方大學的香港中文大學，其成立也是基於這些政治因素與港府的在地管治因素慢慢醞釀而成的。

在錢穆的回憶裏，也曾經講及有關港府合併三所書院、成立中大的原因。他的憶述一方面讓我們看見收編者的政治考慮，另一方面也讓我們看見辦學者為師生及院校的競爭力或生存能力所作的長遠考慮：

---

19 Tang T.H. James, World War to Cold War: Hong Kong's Future and Anglo-Chinese Interactions, 1941-55. In Ming K. Chan Ed., *Precarious Balance Hong Kong between China and Britain, 1842-1992* (Hong Kong: Hong Kong University Press), pp.107-129.

20 Letter, D. J. S. Crozier to Sir Christopher Cox, September 19, 1958, CO 1030/571.

其時香港政府忽有意於其原有之香港大學之外，另立一大學。先擇定崇基、聯合與新亞三校為其基本學院，此後其他私立學院，凡辦有成績者，均得絡續加入⋯⋯凡此崇基、聯合、新亞三校，皆得美國方面協助。港政府似乎意有不安，乃有此創辦一新大學之動議。崇基、聯合均同意，新亞同人則多持異見。余意新亞最大貢獻在提供了早期大批青年難民之就學機會。今則時局漸定，此種需要已失去。而新亞畢業生，非得港政府承認新亞之大學地位，離校謀事，極難得較佳位置。儻香港大學外，港政府重有第二所大學，則新亞畢業生出路更窄。此其一。又國內學人及新起者，散步台港美歐各地日有加，儻香港再增辦一大學，教師薪額一比港大。此後絡續向各地延聘教師，亦可藉此為國儲才。香港政府所撥薪金，亦取之港地居民之稅收。以中國人錢，為中國養才，受之何媿（愧）。此其二。三則辦

> 一大學，當如育有一嬰孩，須求其逐年長大。而新亞自得雅禮、哈佛協款，各方誤解，欲求再得其他方面之大量補助，事大不易。[21]

錢穆所言，當然不是特指新亞一例；這是普遍存在於數所較為出色的私專身上的現象。以聯合書院與美國機構的交往為例，我們看出錢穆所指的殖民政府「意有不安」是很自然而然的。

1956 年 12 月 8 日，香港聯合書院召開第十二次董事會會議，出席者有：正副董事長蔣法賢、葛璧，董事布克禮、王裕凱、唐惜分、陳柄權、胡家健、陳能方、朱夢曇、謝伯昌、王淑陶、黃文袞、黃伯芹、李祖法、黃兆棟等十五人。是次會議聘請名譽董事共十二名，名單如下：美國哥倫比亞大學校長柯克（Grayson Kirk）、美國亞洲協會會長布朗（Robert Blum）、美國前駐中國大使司徒雷登（J.

21 錢穆：〈新亞書院（續二）〉，《錢賓四先生全集．第 51 冊．八十憶雙親．師友雜憶合刊》（台北：聯經出版事業公司，1998 年），頁 329－330。

Leighton Stuart）、美國援助中國知識份子協會會長周以德（Walter Judd）、美國援助中國知識份子協會遠東區代表黃吾生（George Fitch）、香港大學副校長賴廉士（Dr. L.T. Ride）、美國前遠東司司長洪貝克（Stanley Hornbeck）、生活雜誌社社長魯斯（Mr. Henry Luce）、周壽臣、王正廷、胡適、蔣夢麟。[22]

就上述名單而言，反映了一些私專親美親國民黨的政治傾向。尤其是美國基金會資助私專院校擴展，並資助私專教職員出國考察，[23] 這些都不太利於處身中共與美台之間的港府的在地教育管控權。再從大方向而言，私專過於親美或美國過於介入香港的教育領域，都會削弱英國在香港的文化霸權。[24] 正如論者所

22 〈聯合書院聘請十二位博士為名譽董事〉，《工商日報》，1956 年 12 月 9 日，第 5 頁。

23 〈唐君毅已返港　曾赴歐美考察〉，《華僑日報》，1957 年 9 月 18 日，第 4 張第 2 頁。〈美國洛克斐勒基金會四萬餘美元新亞書院〉，《華僑日報》，1960 年 10 月 24 日，頁 7。

24 黃庭康對於英國搶佔冷戰時期香港、新加坡兩地有關文化、教育霸權的研究很值得參考。Ting-Hong Wong, "Comparing State Hegemonies: Chinese Universities in Postwar Singapore and Hong Kong," *British Journal of Sociology of Education* 26.2（2005.4):199-218。

説，英國對於美國在香港的各種秘密行動是充滿戒心的，視美國這位盟友為自身管治香港構成間接的「威脅」——「英國人擔心在香港或亞洲其地地方與美國合作太密切會觸怒北京，令它在香港挑起事端，甚至發生更糟的情況，那就是中美爆發大戰，中國因而攻打香港。」[25] 職是之故，英國人不會容許「『美國冷戰戰士』把香港變成顛覆基地」，必須作出干預和防範。[26]

於是，藉着香港中文大學的創辦以收編一眾較具影響力且又深為美國基金會介入的私專，這正是英國出於對美國過度介入香港文教勢力所做的反制措施。

於中文大學創辦之初便入職、後來擔任大學秘書長的陳方正還指出，中大的成立與英國因國際環境大變而自身環球勢力式微也很有關係。上世紀五十年代印度、馬來西亞、新加坡相繼獨立，加之以 1956 年蘇彝士運河危機，都使英國變更其海外殖民地的管治

25 麥志坤著，林立偉譯：《冷戰與香港：英美關係 1949－1957》（香港：中華書局，2018 年），頁 2。

26 麥志坤著，林立偉譯：《冷戰與香港：英美關係 1949－1957》，頁 217。

方式。在全球思潮變動趨勢下，直接動搖了英國自身對於高等教育精英主義的態度，促使英國要加強高等教育的普及化，同時也要從美國手上搶回部分教育權以彰示自身的話語權。

正如錢穆所言，正因為港府忌憚美國基金會對本港高等教育涉足過深，從而使港府藉着新大學的籌備而「逐步加強了英國高等教育系統與前此主要受美國基金會資助的三所書院的接觸與聯繫」。陳方正更進一步指出，港府放棄「分而治之」的政策，逐步介入香港社會的整體，標誌着「香港從貿易轉口港轉變成為國際大都會的先聲」。[27]

1959 年，港府決定把本已因為香港中文專上學校協會之創立而形成聯盟關係的新亞、崇基、聯合三所書院，合併成為一所公立聯邦制大學。這一做法，不但是表明政府回應社會訴求的明證，同時也要藉以提升綜合教學水平，並且滿足港府乃至英國關於香港未來在經濟及政治上的出路的長遠考慮。

---

27 陳方正：〈與中大一同成長：香港中文大學與中國文化研究所圖史 1949－1997〉（香港：香港中文大學中國文化研究所，2000年），頁 27。

1963 年，中文大學正式成立。雖然中大成立，但私專之發展步伐並未停緩。私專院校至 1969 年最少仍有 31 間之多，[28] 修讀學生共有 5970 名。[29] 這反映私專教育在港實在是需求甚殷。至 1960 年代中後期，香港已漸漸由工業社會走進知識型社會，兩所大學的學額，依然遠遠無法滿足學生的升學需求，以致逾半符合大學入學資格的學生無法升讀大學。除了有能力負笈海外的學生，餘者只能投向私專。[30] 只是，政府始終無意承認私專的合法地位。面對日漸嚴峻的辦學財政壓力，除了辦學者呼籲政府資助，社會上也湧現公眾的聲音以求私專得到資助，甚至抗議政府不公之聲亦與日俱增。[31]

---

28 "Recognition urged for colony's private college", *South China Morning Post*, 15th June, 1969.

29 "Private college claim Govt is unfair", *South China Morning Post*, 18th May, 1969.

30 〈五千七百餘中學青年　競爭一千二百大學位〉，《華僑日報》，1968 年 3 月 11 日，第 4 張第 3 頁。

31 "Private colleges seek 'equal recognition'", *South China Morning Post*,11th May,1969. "Private colleges claim Govt is unfair", *South China Morning Post*, 18th May, 1969.

三、私專的式微

香江書院校長陳樹渠，於中大成立一週年時（1964 年）發表〈香港當前的教育問題〉，公開敦促港府要承認私專畢業生的資歷、增加資助及仿效英國經濟學院與美國麻省理工學院發展專門學科以培養人才。[32] 至五年後，他於香江書院第十七屆畢業典禮致詞時，再次表達了對香港教育當局的失望之情。他批評當局不但未有扶持私專發展，反而諸多留難，在法律上也只承認中大、港大。[33] 至 1970 年，除了已成為中文大學核心的新亞書院、崇基學院及聯合書院，所有私立院校仍然未獲得政府資助，學歷也不獲本地政府承認，部分院校只能正式向台灣教育部立案以備台灣及海外承認。

對於政府多年來消極而不公平的私專辦學政策，創辦樹仁學院的鍾期榮便曾公開撰文，狠批港府使私

32 陳樹渠：〈香港當前的教育問題〉，《香江》第 3 期，1964 年 6 月，頁 1－2。

33 〈香江學院畢業典禮〉，《華僑日報》，1969 年 6 月 22 日，第 7 版。

桂林街新亞書院遺址一角。現址發展為大型私人屋苑，該址基層商場則為香港城市大學數萬呎的動物醫療中心。

專畢業生在成為註冊教師的過程中飽受刁難。[34] 私專在學歷不獲承認的情況下，1969 年 5、6 月份的《華僑日報》連刊大量評論文章批評港府。諸如〈私立專上學院對社會的貢獻〉（5 月 11 日）、〈論私立專上學院之貢獻　新亞學生會立場書〉（6 月 15 日），反映私專師生如何群起抨擊港府不公平的教育政策，試圖逼使政府修訂政策。

香港專上學生聯會在 1969 年 5 月至 6 月舉行多場香港私立專上教育研討會，敦促政府當局和工商界人士多些正視私專發展的作用並予以資助。港九大專同學會響應香港專上學生聯會主辦的研討會，並發表聯合公報，呼籲當局和工商界給予私專及其學生援助，也請求社會人士及輿論界對私專教育問題多發表意見。研討會會長劉石佑指出當前兩所公立大學提供的學位嚴重不足，私專學位又不受承認，導致香港青年人才大量流失。希望港府及社會能夠了解私專對於培養本港青年的重要性，並強調當局不應漠視本港畢

34　鍾期榮：〈論香港的教育問題（續）〉，《華僑日報》，1965 年 10 月 5 日，第 4 張第 2 頁。

業生前途。與會者均大力批評港府的不公政策，提出各種關於香港不能發展出如同英美國家般具規模的私立大學的質疑。[35]

上述批評的聲音和行動，在社會上激起不少迴響。《華僑日報》1969 年出版的《香港年鑑》也為私專缺乏政府重視，「仍處於掙扎圖存的階段」打抱不平。[36] 終其 1970 年代，港府對私專態度冷淡，直到 1978 年才認可嶺南書院的辦學資歷，而浸會學院也要等至 1983 年才獲得政府資助。與其說是港府為了回應民意訴求而做的行動，倒不如說是港府透過資助一二較有利用價值的院校，用以應對急速發展的香港社會需求。蓋自 1970 年代中期以來，香港隨着中

35 〈私立大專教育研討會公報主張　舉辦統一文憑考試　承認私大學生地位　並成立發展委會促進全面革新〉，《香港時報》，1969 年 6 月 17 日，第 6 版。〈發展私立大專教育　促請當局提供援助　大專學生會支持學聯會議公報〉，《香港時報》，1969 年 6 月 20 日，第 6 版。〈本港教育制度極不平衡　大學學位嚴重不足　專上院校未受重視〉，《香港時報》，1969 年 6 月 15 日，第 6 版。

36 〈一年來之香港教育〉，《香港年鑑．1969 年》，載香港教育資料中心編製：《香港教育大事資料 1949－1993》（香港：香港教育資料中心，2000 年），頁 88。

美建交而奠定國際商貿、航運中心的地位，經濟騰飛而急需大量專業的工商及金融服務行業人才，而相繼成立的還有 1972 年的理工學院及 1984 年的城市理工學院。然而，餘下未被納入制度的私專，除了珠海書院、樹仁書院、能仁書院等數家以外，大多都於 1980 年代初便隨着公立院校的增加、營運資金無着落和資歷繼續不被認可的問題而慢慢被淘汰。

回顧香港的私專發展史，約可分為三期，第一期為 1949 / 1950 至 1960 年的始創期，當時入讀私專的大部分為逃難到港的中國內地移民，辦學者也以承傳中國文化為主要目的，在艱苦環境下興學施教；第二期興盛期為 1960 至 1970 年。隨着經濟發展漸趨成熟，人口亦不斷提升，兩所官方大學提供的學額不足以應付需求，不斷有新的私專應運而生。這時期的年青人不少已是在港土生土長，[37] 不如父輩般懷有強烈家國情懷，私專辦學的目的也以培育本地人才為首務；第三期式微期為 1970 年代中期開始。港府在

37 呂大樂:《那似曾相識的七十年代》(香港:中華書局，2012 年)，頁 108。

1978 及 1983 年只是很有限度地將嶺南書院、浸會學院這兩所私專納入資助計劃，加以再因應社會轉型而新辦兩所理工學院，私專的生存空間由是日漸萎縮。

四、結語

透過探尋戰後香港各私專院校的創辦經過、一些辦學者的教育理念，以及設置課程的宗旨、內容結構及在這過程中與港府的互動，我們理解到自詡是教育樞紐的香港，為何難有類似美國私立大學出現的背後歷史原因，同時也可由此理解香港社會發展思潮中民族文化主義、在地文化意識與殖民管治相互糾纏的複雜社會面貌。私專的研究，讓我們有了多一面窗口認識香港的教育史與社會史，尤其是在東西冷戰場域下港府如何看待南來的親台知識社群在港藉文教事業宣揚他們的政治立場。當中，也涉及了作為英國盟友的美國，在它涉足私專以推動反共文教事業的冷戰時局情勢下，港府為了鞏固自身的教育掌控權，如何因時而變地調整專上教育發展方向。隨後，港府藉着香港中文大學的成立，成功收編了三所較具規模而影響較大的私專。然而，這種做法反過來也衝擊了長期經費不足且學歷一直不獲承認的私專，導致其社會生存力被嚴重削弱而進一步被邊緣化。

至 1990 年代，部分受資助專上學院如浸會學院、嶺南學院進一步升格為大學後，經歷多番掙扎的私專院校也越來越少。隨着樹仁學院於 2006 年 12 月升格為私立大學後，現時剩下的還有珠海學院、能仁專上學院等數所私專在轉型道路上繼續掙扎求存。回望大半個世紀以來，私專在香港的求存史或轉型史，反過來正好映照出港府乃至英國的對華政策與治港措施，同時也透視了兩岸政權的對港態度，特別是如何透過專上文化教育爭奪香港青年的國家認同和塑造他們的意識型態。

第七章

花果飄零，靈根難植：唐君毅對香港高等教育的批判

1950 年代初期，香港人口由 1949 年前的七十餘萬激增至二百餘萬。突如其來的大量人口中，包括不少在內地高等院校執教多年、著作等身的知識群體，他們因為政局變化而紛紛南下，然後繼續他們國內的教育事業，促成了香港高等人文教育領域幾乎全由南來學人主導、可稱為學術南來的時代。這些人當中，便包括了創辦新亞書院的錢穆與唐君毅等一批新亞先賢。

新亞先賢們於 1949 年的香港辦教育，確實是資源困乏、篳路藍縷。他們既得不到港府的資助，所辦的新亞書院亦不獲港府承認辦學資歷。教師們不但薪資沒有着落，甚至需自捐稿費補助教學開支，並與來港學生共宿校舍。正如新亞校歌所説的，創校初期，物質貧困，但富有熱情與憧憬。「手空空，無一物……艱險我奮進，困乏我多情」的艱難創業名句，成為了新亞的精神碑誌。參與創校的唐君毅一方面以「花果飄零」的心境看待中國文化在當世的發展處境，另一方面則以積極的「自植靈根」的心態，透過興學施教而實現為祖國培養文化人才的目標。

在創校近十年後的1959年，新亞終於獲得政府資助、認證乃至招手成為組合殖民政府擬建的第二所大學的成員書院，結束了新亞在經濟上困乏艱難的歲月；學生畢業後得以進入政府和公營機構工作，書院於東亞、東南亞乃至歐美等地逐漸聲名鵲起。新亞的長足發展與漸見規模，這件可喜之事本應讓校內上下滿心愉悦，但作為其中一名創校者的唐君毅，並未因為新亞告別資金不繼與畢業生謀生困難的窘境而感到安慰。

相反，唐君毅因為新亞即將迎來的新發展而有惶惶不可終日之感。他以滿懷憂患意識的心情注視新亞的教育理念與辦學精神可能發生的種種歧變，擔心流亡者的事業因為日子好起來而死於安逸。這導致他在1950年代中期以來幾乎所有新亞開學禮與畢業禮中，都語重心長地曉諭學生謹記新亞教育的精神與理念，不可忘卻在香港賡續文化道統的使命——以待重回故土重建中國。

然而，時移世易，唐君毅的文化教育理想在香港這個混雜但又逼仄的社會政治空間裏，往往有時不我待而理想難以實現的窘迫與無奈，他也難免批判政府當局及大學辦學的教育方針。探究唐君毅文教思想在香港的社會境遇，不但看見香港專上教育發展與時代互動的關係，還能深入體察作為哲學家以外的唐君毅，於現實社會境遇中如何營營役役於教育家、校政決策者、執行者的工作，並在這些身份下思考人生事業。由此展現的思想情調與關懷，非從其學術世界那些苦思冥想的形而上學研究所能探知的。

一、香港辦學之難：港府的政治控制

1949 年香港的教育領域發展，深受國共政權更易影響。此外，香港政治思潮的複雜、多元，反過來也影響殖民政府對高等教育嚴加管控的結果。主導香港教育發展的「教育條例」(Education Ordinance) 在不同時局下被一再修訂。當中的關鍵因素在於香港的各種法律條例，其增刪總是受到內地、特別是廣東地區局勢的起伏發展所牽引；加強法律條例修訂旨在加強對教育領域的管制，使香港不因國共兩黨展開難以控制的明爭暗鬥場而衝擊港府的統治。

港府於 1948 年 12 月 29 日通過「教育修正案」（The Education Amendment Ordinance No. 65 of 1948），規定香港所有教師必須向教育司註冊或申請教學許可，教育司對教師資格有授予、拒絕和取消的權力。[1] 修正案中還有新增條款，如港督會同行政局（Governor in Council）認為任何學校或任何教師損害了「殖民地」、「英聯邦」（Commonwealth）、公眾或學校學生的利益，港督便可下令教育司取消學校的辦學資格和教師的註冊資格。[2] 如左派所辦的達德學院，在 1949 年便被指控政黨集會、訓練學生擾亂治安，以觸犯「教育條例」裏「違反香港及其他地方治安」一項遭到封閉。[3] 大批左派學者、學生離開香港。這直

---

1 此處作為新的規定 8A 加在 1913 年教育條例第 8 條規定之後。A Bill, cited as the Education (Amendment) Ordinance No.65 of 1948, J.B. Griffin Attorney General, 29th December 1948. HKRS 41-1-4297.

2 此處作為新的規定 19A 加在 1913 年教育條例第 19 條規定之後。A Bill, cited as the Education (Amendment) Ordinance No.65 of 1948, J.B. Griffin Attorney General, 29th December 1948. HKRS 41-1-4297.

3 葉金蓉、陳揚和、許振泳編：《中共中央香港分局文件匯集 1947.5－1949.3》（廣州：中央檔案館廣東省檔案館，1989 年），頁 448。

接造成香港在1950年以來較少左派私專院校，同時亦難以建立起左派知識社群。

1952年，港府再修訂的「教育條例」進一步監控教師聘用及學校主事人員任命的程序，[4] 嚴禁有人在學校、教員或學生團體裏進行顛覆港府管治的活動。[5] 當中清晰規定所有學校必須向教育司登記，並要符合有關建築安全、消防條例、課室大小、整潔度的嚴格規定。[6] 港府在教育條例中列明基於安全、衛生的需要，為一切學校包括是否符合消防安全等問題制定一套法定權力，使任何一家不符合要求的院校校舍喪失辦學資格。獲得登記的學校必須依照規定，不可與任何外國政府部門或政治團體組織聯繫。如有違背，教育司可以拒絕其登記申請。[7] 教育司也推行以學

---

4 Education Bill 1952, Hong Kong Legislative Council, 3 December 1952, p. 279.

5 Article 43, Section 1, Clause (h), Education Ordinance (Hong Kong: Government printer, 1952), p. 19.

6 Article 10, Education Ordinance, Clause (1), (Hong Kong: Government printer,1952), p. 5.〈政府加強管制學校　從新草訂教育條例〉，《香港工商日報》，1952年12月3日，頁5。

7 Article 11，Clause (m), Education Ordinance (Hong Kong: Government printer, 1952), p. 6.

校管理委員會掌管各種大小校政，委員會由教育司核准的「經理」（Manager）組成，而經理的資格全由教育司、港督定奪。[8] 在做法上，頗似一般的商業機構或大家長式管理的營運模式。

港府基於政治管理需要而對不合其政治理念的學校採取針對性打擊措施，通過經濟資助與維持校舍安全的措施，使其發揮有效管理私校發展的作用。戰後香港物資匱乏，私人營運的中小學乃至私立專上院校，均難以尋覓辦學校舍，沒有政府經濟資助或融通准許，絕大多數難以達到標準而不得不被迫放棄註冊。此外，基於港府貫徹其一個殖民地只能有一所大學的傳統，故教育司在巡視新亞書院時，便命令新亞要拆卸書院門口懸掛的「大學部」牌匾，說明香港只能有一所香港大學。同時，新亞書院也被通知繳納二百元的商業登記費。這些針對私專院校的政策，對經濟困頓的院校而言無疑是百上加斤。同時，要向工

8 Appendix, Counter-Communist Education, 1949, CO537/3721. Article 13, 17, 18, 19, 20, Education Ordinance (Hong Kong: Government printer,1952), pp. 7-9. Article 38, Education Ordinance 1952 (Hong Kong: Government printer, 1952), pp. 16-17.

商署繳交商業登記費，則無疑是把院校看作學店、牟利機構。這在唐君毅、張丕介等新亞創辦人看來是對新亞教育精神與辦學宗旨的侮辱，故斷然發表文章反擊。

我們從新亞創辦人如錢穆、張丕介與唐君毅諸人的文章便可看到，新亞初期經營的困苦窘迫狀態，確如校歌所說是在流浪亂離的情況下，手空空、無一物地走過來的。教師不但無法支薪施教，還要捐出稿費補助教學開支，也與來港的學生在校內共宿。舉凡種種，均是源於冷戰時期的香港在資源上甚為困乏，而人口又大幅增加所致。而英國政府本身的綜合國力在戰後大幅下滑，再加上英國的國家發展策略主要限於歐洲大陸，故不願再撥放資源於香港，也不會究心於香港的長遠教育發展問題。

二、面對收編：教育理想與現實局限

香港的私專得不到港府支持，學生畢業後的學歷也不獲政府認可，經營困難之餘，學生的前途亦欠保障。當 1950 年代末期港府向一些辦學較為成功的私專伸出橄欖枝時，新亞書院是其中一家接受收編的院校。然而，儘管新亞能夠與聯合書院、崇基學院以「聯邦制」形式合併為中文大學 —— 各書院享有獨立、自主的辦學風格，並擁有課程與資源上的管理權，但唐君毅仍然顯得憂喜參半。喜的是，香港能夠成立中文大學，將有助於推動中文教育，這對全球華人而言會是一件十分有意義的「劃時代」的事，特別是當時南洋各地的華文教育遭受當地政府的禁制和打壓，中大得以成立也就特別顯得不容易。但他憂心的是，新亞因為得到政府資助、學生資歷受到認可，似乎在完全沒有任何後顧之憂的情況下卻一步步地偏離了辦學的初衷。唐君毅心目中的理想大學是承繼宋明時期書院教育的方向與講學精神，專心一意「以個人之整體性的人格與學問為中心」。但他擔心現代的大學 —— 或者是說加入了中文大學的新亞教育，在官方制度、國際化標準或市場經濟導向的情況下不能再以「希聖希賢之學為第一」，課程設計也將是「以各種專門之學術與學者」為其發展重心。然而，新亞加入中大後遭受的挑戰遠甚於唐君毅的憂慮；港府及中大當局很快便取締了聯邦制，使三所成員書院在單一制或中央集權制下被重新改造。[9]

事實上，從新亞接受政府資助甚至是被收編後的第一天開始，大至教育理想的維繫，小至課程設計的方向，均不能不受到影響。1958 年後，已被港府收編的新亞，成為制度裏的其中一所專上學院，學生得以參加政府的統一文憑考試。順是，新亞課程設置的自主空間也隨即被大幅削弱。譬如昔日重點發展的中國文、史、哲課程，是以培育「通人」為教學目標，但從此要改為培養應合本地社會所需的教師人才，讓新亞畢業生在畢業後解決中文中學的教師人手短缺問題。[10] 教育司也致函錢穆，要求他把新亞的課程設計得更切合香港本地年輕人所需，[11] 增加實用的工藝科目而減少與中國相關知識內容的學科。[12] 當新亞被納入港府的教育制度後，自然也失去表達政見的自由，最明

9　唐君毅：〈新亞的過去、現在與未來〉，《唐君毅全集》第 16 卷（北京：九州出版社，2016 年），頁 159。

10　New Asia College Course of Instruction, 2nd September 1959. HKRS147-3-3.

11　Letter, Morgan to Chien, 16th September 1959. HKRS 147-3-3.

12　Griffith's report, "New Asia College-Exhibition held by the Arts Faculty", 18th August 1959. HKRS 147-3-3.

顯的莫過於1960年的「降旗」事件。港府欲於國共兩黨之間維持政治中立，勒令新亞不得懸掛中華民國「國旗」，否則就會取消其加入中文大學的資格。[13] 隨之改變的還有新亞書院的校慶，從雙十節的10月10日改為孔子誕辰的9月28日。此外，被政府制度化後的新亞，從學生入學試、考核制度到教職員招聘的標準設定等等，在往後的日子也逐漸與其他兩所院校一樣，因被併入中大而失去其獨特性與自主性。

三、喚醒民族國家意識的教育：對大學「地方化」、「國際化」的批判

唐君毅基於強烈的文化憂患意識與愛國情懷，每年總是沉重地訓示新亞應屆畢業生。他的演講內容在十數年來是高度一致的，訓示學生不要忘卻自己是逃難到港的一群流亡者，不能在異鄉異地裏背棄家國而樂不思蜀。至於面對土生土長的香港學生群體，他論

---

13 Minutes, 2nd Meeting of the New Asia College Council. 9th November, 1959. HKRS 147-2-9.

示他們乃至他們的父祖輩都是中國人，故他們雖然在港生活，也要以作為一個中國人、甚至是世界人為自己的人生目標，不要區區自限為一個香港人。他說：「我們雖自許為綠野神州之神明華裔，但今只寄身於此區區之地，縱橫不過百里，前途豈能無量？」[14]

唐君毅不但鼓勵學生不要以香港為限，還要他們不能把香港孤立地與中國區隔出來。他認為「如將香港孤立，則香港只是一斷港；而將香港教育，如只變成地方性的，而與國際之學術教育以及中國之歷史文化截斷，則此香港之教育，亦只是一斷港教育。」要避免這種斷港教育，唐氏提出當前教育方向要繫於兩根線上：「一根線是橫的連繫到世界，一根線是縱的連繫到中國五千年之文化教育。」他就是在這種心態下求新亞與國際機構合作、交流以「瞻望未來」。但同時不斷提醒人要復歸文化的本根，以及要「保存過去」，「不忘其『生命』與『文化』之本原」。[15]

14 唐君毅：〈告第十四屆新亞畢業同學書〉，《唐君毅全集第 16 卷．新亞精神與人文教育》，頁 88－89。

15 唐君毅：〈在新亞董事會歡宴吳校長、沈校長會上的講詞〉，《唐君毅全集第 16 卷．新亞精神與人文教育》，頁 113－114。

唐君毅退休前接受新亞書院學生會訪問時，直接批評新亞的教師與學生只在知識學問與聰明程度上有所進步、有所提高而已，但在「做人方面卻沒有多大進步」。他不客氣地指出，身邊人沒有了「為教育、為文化、為中國的將來」而求學的「固定目標」，又批評他們在「承先繼後的精神差了，也談不上對中國文化的責任」。他把中文大學、新亞董事會乃至香港政府主事教育的人所秉持的兩種普遍觀念嚴厲地批評了一番。這兩種觀念分別為：「第一是香港主義。香港地方主義或以香港的地方本位教育，以香港政府和社會的利益為第一義。」他批評這種論調忽略了香港人在生命上是屬於「中國的」這層身份特性。[16] 他指出「中文大學雖然是用香港納稅人的錢，但中文大學的『人』與香港的納稅『人』卻是中華民族的人，他們的生命是由中國來的，不是由香港的錢來的」。[17]

16　唐君毅：〈理想與現實 —— 中文大學的精神在哪裏？〉，《唐君毅全集第 16 卷．新亞精神與人文教育》，頁 132。

17　唐君毅：〈新亞的過去、現在與將來 —— 一九七三年六月十七日新亞道別會演講詞〉，《唐君毅全集第 16 卷．新亞精神與人文教育》，頁 167。

唐君毅續指出，中文大學存在第二個問題，就是「國際主義的觀念」。唐君毅進入中大校園工作的數年裏，正是第一任中大校長李卓敏大力推動中文大學國際化工作的開始。值得注意的是，李卓敏在 1964 年中文大學舉辦的大學校長就職典禮上公開宣稱：

> 香港中文大學不會是一所英國的大學（雖然香港是英國的殖民地），也不會是一所中國的大學（雖然本港居民百分之九十八屬華人），或是一所美國的大學（雖然我來自美國），它要成為一所國際大學。[18]

對於唐君毅而言，新成立的這所由新亞參與籌建的中文大學，當然不可能成為英國大學與美國大學；但對於它不能夠成為「中國的大學」，則斷然是無法接受的。

另外，李卓敏在一次會議中曾指出中文大學辦學

---

18 李卓敏：〈大學校刊．題辭〉，引自《中大二十年》（香港：香港中文大學學生會「中大二十年檢討活動委員會」，1984 年），頁 4。

使命有二：第一，整合西方大學、中國大學和本土專上學院，成功之後便影響整個亞洲。第二，把英式大學轉型至美式大學教育模式，並指出中大將要與美國加州大學合作，進行學生互換的計劃。[19] 他所說的三類大學，很可能分別指較表現西方價值的崇基學院、較體現中國文化價值的新亞書院及由香港數所私專合併而成的聯合書院。三所成員學院一經整合，各自的特色——猶以新亞最為堅持的中國文化傳統精神價值——便會在整合過程中首當其衝。

李卓敏出掌中大一年，便讓中大與他曾求學、工作的美國加州大學簽訂交換協議，使美國化的中大異於香港大學的英國殖民地教育傳統。由此可見，所謂國際化實質上是以美國為中心的學術制度之建立；即或不然，在冷戰時期嚴分東西方的兩極對立下，國際化也只能是美國主導下的西方世界而不是中國甚至是不包括東方世界的國際化。正如中大初創時期的師生批評的，足讓我們看見唐君毅的言論不是出於一家之

---

19 Note of a meeting between Sir A. Cohen and Dr. Li Choh-Ming (Vice-Chancellor of the Chinese University of Hong Kong) at the D.T.C on 28th January 1964, CO 1030/1535.

偏見：

> 聯合書院的一位講師在兩三年前曾經指控港大是製造小英國人，中大是製造小美國人的大學。如果將他的講法，理解為中大是製造充滿美國人意識的大學生，我們以為他的講法是對的。[20]

撰寫上引文章的兩名中大學生，由此而思考應該怎樣在中大幫助師生在學術上「重建自尊，不再以美為尚，不以學習美國學術為己任」的問題，反要多「專注於從中國人的地位出發，把美國式的學術融入中國學術之中」，力求矯正中大學生的「美國化意識」。這些陳述與唐君毅自立主體、站穩腳跟的學術態度是毫無二致的。

唐君毅觀察到中大越來越趨向聘請那些在國際大學取得學位的人出任新教職，並且也越來越多學生出

20 黃子程、關永圻：〈我們看中文大學〉，《中大十年》（香港：香港中文大學學生會，1971 年），頁 10。

外交流，而現有教員很多時候也出席不少國際大學的會議。他認同這些都有助中大贏取國際上的地位，但不認同「國際性」就是中大特殊性的代表。在他看來，新亞與中大要培養的人要有「為香港、為國家，代表中國文化承先繼後的發展的精神」，這才是中大的特殊性。

四、缺乏文化主體性——「中西文化邊緣地帶的教育」

隨着居港日子延長，唐君毅對香港的本土教育多了一些關懷。他昔日只是以一種過客心態，把一切目光都投向中國內地而忽視本土的社會問題與教育需要。正如其言：「香港乃英人殖民之地，既非吾土，亦非吾民。吾與友生，皆神明華冑，夢魂雖在我神州，而肉軀竟不幸亦不得不求托庇於此。」[21] 借用他回憶早年來港時對港態度的一番話，即是：「我們與

21 唐君毅：〈中華民族之花果飄零〉，《唐君毅全集第13卷．中華人文與當今世界（上）》，頁24。

香港政府，互為不存在。當時我們所注意關心的，亦非香港，只是中國當時的時代情勢。」[22]

但是，到了 1970 年，唐君毅在思想上逐漸發生微妙變化。他開始反思要對香港當下的社會有所關注和服務，並要求身邊的學生亦要如此。當然，關注香港的同時也要關注中國與世界的前途。他說：「要改進香港教育，改進香港社會政治，要為七億之神明華胄，作開天闢地的事業，才能看見更遠更大的路。」[23] 可惜，適值工業起飛的香港在當時推行的教育，亟須吸引大量海外人才及培養本地人才的香港社會很難與唐君毅的理想同途合轍。他為港府當時推行的專上教育診斷出三大病痛：為「政府需要」而辦的教育、「技術教育」、「商業觀念主導」的教育。他坦言如不作更張，無論政府如何努力、辦學者如何遵循或恪守國際準則，最終所能成就的亦不過是中西文化

22 唐君毅：〈中國現代社會政治文化思想之方向，及海外知識份子對當前時代之態度〉，《唐君毅全集第 14 卷．中華人文與當今世界（下）》，頁 193。

23 唐君毅：〈中國現代社會政治文化思想之方向，及海外知識份子對當前時代之態度〉，《唐君毅全集第 14 卷．中華人文與當今世界（下）》，頁 218－219。

邊緣地帶下沒有主體性的教育。當然，當時的香港政府自然不會希望殖民管治下的香港中國人會有甚麼樣的「主體性」。培養實用、應用的人才，創造就業機會，促進香港社會繁榮安定，這些才是管治者的主體性教育。

唐君毅與港府或社會主流觀看事物的立場、角度有異，故而對當局的文教政策十分有保留，認為香港的教育是中西文化邊緣地帶的教育而已。究查香港這種邊緣地帶教育的形成，與上文提及 1952 年修訂的「教育條例」的經理制度不無關係。唐君毅指出：

> 許多教育上的觀念，如稱校長為經理人，稱教師為僱員等等，則純是一商業上的觀念。此「商業」與「技術性」及「政府需要」的教育觀念，三者自覺地或不自覺地結合，所形成之香港傳統教育，是不合乎中國傳統教育之理想，亦不合乎西方教育的教育方式，只能稱為中西文化邊緣地帶的教育而已⋯⋯教育中的商業觀念，如視校長為經理人、教師為僱員等觀念，

則絕對錯誤。[24]

唐君毅也認為教育之目標在訓練青年人的一技之長外，應當使他們學懂如何「作一堂正有為的人」，一方既能夠「生根於香港華人社會」，同時也能夠把「獲得之新知識，用中國語言傳授華人」，[25] 對國家、天下建立起倫理責任感與承擔感。他不厭其煩地闡明其對當前教育意義的理解，說明人要生根植根於香港這個地方，對在地社會盡己建設之責，進而要講求如何為國家為世界之建設盡責的問題，而不是從純粹的實用性着眼於滿足政府或勞工市場的需要。他敦促香港的學生「要放開目光，去看中國的前途、世界的前途，而自知其對中國社會，及中國與世界文化繼往開來之責任所在；更求具備多方面學術知識的素養。」進言之，唯有推行他所說的教育理念，香港才能真的

24 唐君毅：〈對香港學生的期望〉，《唐君毅全集第 16 卷．新亞精神與人文教育》，頁 128－129。

25 唐君毅：〈對香港學生的期望〉，《唐君毅全集第 16 卷．新亞精神與人文教育》，頁 129。

培養出一代又一代的人才。[26]

唐君毅也曾在他的文章裏清楚指出，中大當局重視英文的語言政策，是為了其國際化、世界性的辦學目的而設。但是，這種國際化就與他堅持的要為華人社會需要服務為第一要義的期盼相違。從他本人或新亞的立場、「中文大學」一名的含義或其使命觀之，中大是要成為「以中國文化之承繼與發展為教育目標的大學」。[27] 他在一些場合裏對中大的名稱和使命作了進一步的闡明，説明中文大學的「中文」兩字不只是語言應用方面而言，更應是指向中國文化。[28]

只是，新創立的中文大學於唐君毅眼中，根本上沒有如此的魄力及遠見。他明言，如果只是着眼於香港主義或國際主義，「中大是沒有前途的」。他把弘揚中國文化生命的承前啟後責任特別賦予中國色彩較

---

26 唐君毅：〈對香港學生的期望〉，《唐君毅全集第 16 卷 · 新亞精神與人文教育》，頁 130。

27 唐君毅：〈新亞的過去、現在與未來 —— 一九七三年六月十七日新亞道別會演講詞〉，《唐君毅全集第 16 卷 · 新亞精神與人文教育》，頁 160。

28 唐君毅〈理想與現實 —— 中文大學的精神在哪裏？〉，《唐君毅全集第 16 卷 · 新亞精神與人文教育》，頁 133。

濃的新亞，認為它有別於中大另外兩所書院。[29] 但他同時也提出了一個極具批判力的總結：「總而言之，香港主義和國際主義的時代是要過去的。」[30] 以下一段話，不論在今天還是在將來，都值得我們反思：

> 學術雖有世界性、國際性，但講學術的人的生命，自有其民族性，亦有其所屬之國家。若果現在要把「教育」與「學術」配上「人的生命」來看，就不能單從經濟立場，或學術之國際性、世界性來決定一所大學的教育目標與理想。[31]

---

29 唐氏為其餘兩所書院所作的定位是這樣的：「聯合書院可以特別着重香港社會的需要，崇基學院可以特別注重世界性的基督教精神，新亞書院可以保持它一貫以中國文化之承繼與發展之教育目標。」唐君毅：〈新亞的過去、現在與將來 —— 一九七三年六月十七日新亞道別會演講詞〉，《唐君毅全集第 16 卷．新亞精神與人文教育》，頁 169。

30 唐君毅：〈理想與現實 —— 中文大學的精神在哪裏？〉，《唐君毅全集第 16 卷．新亞精神與人文教育》，頁 135。

31 唐君毅：〈新亞的過去、現在與未來 —— 一九七三年六月十七日新亞道別會演講詞〉，《唐君毅全集第 16 卷．新亞精神與人文教育》，頁 167。

唐君毅的這些言論不但讓人感到在香港推動人文教育在近四十多年來存在的困境 —— 只重視工科技術、商業經濟的教育；同時，他的言論也讓我們看見香港不中不西的城市位置與功能，致使香港的大學欠缺了思想主體性與文化內涵，甚或是出現他眼中「反人文」價值的教研趨向。

唐君毅還未退休之前，便已見證了中大校方及政府當局把新大學從聯邦制改為中央集權制，公然違背三所私專合組成中文大學時的初衷及承諾。這導致人事任免及財政分配大權全由校方直接操控。[32] 唐君毅堅持的教育理念與守護的書院辦學獨立性、特殊性，至 1975 年已成為明日黃花，他強調的教育理想也被看作不合時宜而落空。

也許可以這樣說，唐君毅教育理想的失落是源於大學當局以「國際化」理由作為奪權的手法，從而使新亞最終無法再堅持其「聯邦制」下獨立、自由的辦學空間；以致退休數年而身患肺癌的唐君毅見及〈中

32　李卓敏：《大學校長報告書：新紀元的開始（1975－1978）》（香港：香港中文大學，1979 年），頁 15、21－22。

文學生報——政府奪權的手法〉一文時，便將之轉寄去報刊以求轉載，將之援為知音以求將大學內部之事訴諸社會公義，痛斥大學當局與香港政府的「背信食言」，冀留待歷史來審判當局之「罪惡」。[33] 唐君毅對當局之更張的憤憤不平之情，以及他對理想失落之耿耿於懷，在此行動中亦可見一端；當然，他的任何抗議最後都無阻中大朝向國際化的目標前進。

從新亞被收編到中大創立，以及緊隨而至的改革，讓人看到「現代化」、「國際化」之名目早已是管控香港高等院校的工具，同時也是高等院校自身實施校內改革及實現中央集權的護符與手段。易言之，香港專上院校內的績效管控、校政改革、中央集權等等，在那個年代便已打着國際化的旗號進行。不論是校政改革還是國際化排名遊戲，在當時已是以英美國家馬首是瞻。用唐君毅的眼光來看，這便是跟着別人的腳跟走，以別人的標準為標準，以別人的好惡為自身的好惡，深陷自我殖民的窠臼。

---

33 唐君毅：〈關於《中大發展史》〉，《唐君毅全集第 16 卷．新亞精神與人文教育》，頁 179－180。

五、結語

1974 年 5 月 4 日是五四運動五十四週年，是年 9 月退休的唐君毅在演講裏，嘗試向學生闡釋五四運動的愛國意義，由此闡明其理想中的高等文化教育願景。他向學生提出了五點希望：第一，「真正作一個人」；第二，「真正作一中國人」；第三，「作一心靈開放的中國人」；第四，「作一尊重中國歷史文化與歷史人物的中國人」；第五，「作一承擔延續發展中國歷史文化之責任的中國人」。[34] 唐君毅如此語重心長地曉諭新一代大學生要養成的人生抱負，正是源於現實上大學教育已經喪失了這樣的理念。由他贊成新亞加入中大，到發覺一切都事與願違後，他一方面情辭更加熱切地鼓勵學生要以弘揚中國文化為職志，另一方面也更加激烈地批判大學及教育當局。

但是，唐君毅的言論對於當局甚或學生群體而言，發揮不了多少力量。在事過境遷後的今天，留在

34 唐君毅：〈五四紀念日談對海外中國青年之幾個希望〉，《唐君毅全集第 14 卷．中華人文與當今世界（下）》，頁 278－283。

局外者心目中的，大概只有唐君毅「知其不可為而為之」的文化保守主義與道德理想主義人格形象。他昔日慨嘆的民族文化花果飄零情狀，在人文學科日益被邊緣化的今天恐怕只會是更加收拾不住，讓人不得不產生「靈根難植」的慨嘆！不過，正因如此，當下重新認識唐君毅的文化悲願便更加有了現實的反思意義。

第八章
結論

還記得三十多年前讀小學與初中的時候，均有一門類似公民教育的科目是必須修讀的。小學高年級的「社會科」，初中三年的「經公科」（「經濟與公共事務」）便是了。這類科目是最輕鬆的，功課少，好像也不需要怎樣測驗、考試。大概就是聽聽老師講述香港的一些故事與社會情況；毫無壓力下，有時倒也讓人興味盎然。直到今天，當中的零星內容還是猶有印象。

「香港開埠以來」、「香港是天然的深水港，有利大輪船進出」、「國共內戰，上海很多資本家及技術工人都跑來了香港，帶來了金錢、技術與勞工」、「清潔香港，人人有責」；當然，少不得的還有「香港開埠」、「國際金融中心」、「東方之珠」、「繁榮安定」、「中西合璧」、「華洋共處」等等，這些殖民管治時期用來描述香港成功故事的片言隻語，將它們組合起來，便是一堆説好英國殖民管治神話的用詞。它們闡明了香港接受英國殖民管治後，如何由一個小漁村一下子躍身成為國際金融中心的過程。但是，一切的重點都落在商業、金融與經濟的建設成就之上。這些用詞背後的意涵，無非是要加強「香港人」的本地身份認同——好好地珍惜及擁護「繁榮安定」的香港——不單是作為一位香港的本地良好公民，同時也要作為思想開放多元的良好「世界公民」。

港英政府以去政治化的管治策略管治香港，對於其他政治勢力採取平衡管治及去政治化的管控手段。同時，由於要培養出去政治化的「世界公民」觀念，但又不得不顧及香港華人社群固有的傳統習俗與民族身份認同，故雖然自中小學階段便設有歷史及中文教育，但有關知識的培養反映了殖民管治的微妙政治考慮，致使文史的基礎教育不夠完整。一言以蔽之，港英時期的歷史教育是重古輕今，中文教育則較着重於文言文篇章的背誦；有趣的是，到了 2012 年的中學中文教育改革只流於聽、講、讀、寫的傳意技巧訓練，缺少文化浸潤與品德情意的培養。基本上，以考察在地的中國歷史景觀與中國文化遺產來提高青少年民族國家意識的自覺，要直至近數年才有所突破。

可以說，在1997年前後一段很長的時間，香港青少年的家國觀念與文化認同的教育是不足、不全面的。在1970年代中後期以來，距離1997年不過是二十餘年的光陰。隨着港督麥理浩北上面見復出政壇的鄧小平，中國對香港恢復行使主權的時鐘便開始倒數。也就是在這個時期，香港當局加強香港人身份認同的價值教育，而流行文學作品也熱衷於尋索有關身份意識的書寫。但是，在這個時段裏的學校文化教育乃至社會上的文化活動乏善可陳，這也造成了長期以來不少人用「文化沙漠」來形容心目中的香港。

無疑，香港是一個商埠，是國際金融中心、購物天堂、美食天堂、東方之珠，這些早已是耳熟能詳的稱呼，或許正是這種印象，塑造了香港資本主義城市定位及娛樂消費以外別無他物的形象。在後回歸時期裏，當局在大力宣傳香港時也不忘用「香港中西文化薈萃」為主題，嘗試在衣食住行以外更多地突顯香港中西交匯、華洋薈萃的文化特質。然而，如何呈現香港新與舊、古與今、傳統與現代的文化齊頭共進、相互交融的內涵，在當下或未來仍有很多的發揮空間。

香港的城市文化底蘊還有待繼續發掘。職是之故，說香港是文化沙漠，雖然不能完全排除某些人可能是出於無知的傲慢，但更多的是因為未能理解這座城市的歷史文化變貌。

要讀懂香港這本書，只從實用主義或功利主義、效益主義的視角出發，無疑是掛一漏萬、捨本逐末。然而，再難懂的書，只要有多一點耐心，或是轉變一下閱讀的視角，總能看出一些頭緒，甚至體會到其中很多豐富的歷史文化內涵仍有待發掘。還清楚記得 2017 年，當帶領京都大學、復旦大學、香港城市大學三校合辦的文科博士生論壇與會者參觀屏山文物徑，暢遊流浮山的時候，日本與內地的三十多位師生，不少人對於能夠在香港看到宗祠、書室、廟宇、兩三層的村屋及一大片農地很是驚訝與興奮。在很多人眼裏，香港給人的印象可能就只是大商場、維多利亞港……

百年來發生在香港的人事物，這一切如何繪畫出香港豐富而多元的文化底蘊，又或者如何讓人認識香港的歷史文化發展脈絡，從而改變一些對香港過於簡單化理解的局限，這些在今天也是很值得處理的問題。至此，希望「文化」香港能夠初步勾勒出香港的歷史文化空間，從文教活動展示香港的一些歷史景觀及其文化底蘊。

捕捉香港的文化內涵，重新探索香港的歷史景觀，將可繪製出一幅南下北上、東遷西移的人文路線圖；以開放的心態審視香港的文化空間，將能清晰呈現近代中國歷史流變乃至千年文脈的在地傳續。香港的人文風景與文化地圖，縱或與中國內地其他城市有異，這正是由香港各種歷史因素決定的——當中包括近現代中國的歷史變動，乃至中英關係演變。基於此，香港一隅的人事物的聚散、形構與轉型，往往也是自然而然地隨順大氣候的變化而變化。

發生於香港社會內部的大大小小事件，大多都是源於中國內地的大是大非問題；內地政治文化中心的人事物，它們往往會以波紋擴散的形式輻射至香港。就是文教事業，香港的私專院校教育也是中國內地教育模式在香港的延續。當然，在延續的進程中，為了適應香港社會的在地需求，各種事物的在地化發展難免會出現差異。捕捉這些差異性並釐清其流變脈絡，進而繪畫出歷史事物演變背後的人物、機構，並展示其時社會跌盪起伏的文化氛圍，會是饒有趣味的歷史研究，而這正是走進一座城市文化底蘊的其中一條通道。對於如何突破或毀或譽的香港印象，王德威論述香港特質的一段十分精彩的文字，足以作為審視的方法與觀察問題的視角：

> 過去百年的變遷，使香港從無到有，成為一個獨特的都會空間，在其中政治與商業，殖民勢力與國族主義，現代與傳統等力量的交相衝擊。輾轉於無常的政治文化因素間，香港能屹立不變，正是因為它的多變。[1]

政治與商業、殖民勢力與國族主義、現代與傳統等力量的交相衝擊，百多年來無時不刻地在日復日地進行着。當中，人的因素無疑是大千世界一切事物變動的最主要原因。百年來南下抵港人群絡繹不絕，他

---

1 王德威：〈香港：一座城市的故事〉，《如何現代，怎樣文學：十九、二十世紀中文小說新論》（台北：麥田出版，2008 年），頁 280。

們因變動而至，反過來又帶動了香港的變動。不論是有意還是無意，是長留還是暫居，他們最後都在這片域外之地創造出一番事業，播下了文化種子。即使是曾對香港深感厭倦的長毛狀元王韜，也為這「蕞爾絕島」創造出不朽文化事業；而與港英政府「互不存在」的唐君毅，也創辦了新亞文教事業，留下了遠大的文化理想與復興中國文化的悲願。

一片地方因為有人，才會留下故事和構成歷史書寫；同樣，也是因為有人，地方才會有所變動和發展。在變動的過程中，人們的歷史記憶被各種的動機所激發而活躍起來，推陳出新地留下一段段香江故事。文「化」香港，海濱即是鄒魯，其功不在禹下 —— 這是舊日不同時期的南來者曾經為之奮鬥的人生目標。香港成為他們興學施教、培養民族文化種子以延續中華文化的理想土地。他們的氣魄與幹勁，實在讓人折服。

2009 年，香港中文大學校園樹立起唐君毅銅像，是否預示唐君毅文教理想有機會在香港發揚光大? 這也許是值得期待的答案。

最後，本書願以第一章提及的九龍寨城龍津義學的門聯作結，彰示前人文「化」香港的努力與願景。今天，這副門聯仍然完好無缺地高掛於九龍寨城公園，歷經歲月滄桑的字痕，深刻透視近二百年來無數南下士人傳承千秋文化功業的豪情壯志與無窮悲願。

2009 年正值唐君毅百年冥壽，唐君毅的銅像獲得安置於香港中文大學校園內。

後　記

本書中部分篇章，曾於內地及港、台等地的大學學報發表，同時也有部分篇章是最近撰成的新作。希望藉着各章內容的討論，讓讀者認識到不同時期、不同變局下「文」在香港的實際境遇，進而為了解香港的文化底蘊提供一個深入觀察的視角。由於叢書限定每本著作字數約為五、六萬字左右，同時也希望能夠把學術普及至社會不同層面的讀者，引起大家的閱讀興趣，故此本書部分篇章逾三萬字的原稿，都經過大幅度改寫，盡量讓行文精簡、易讀。

書中部分篇章，是筆者近年分別與韓子奇教授及吳家豪博士合寫的成果。如第二章的原稿最早見於《中國文化研究所學報》（2023 年），由筆者執筆，把近年與韓教授的交流心得結合各種歷史材料而整理成一篇近四萬字的長文。第四、五章是與擔任本人研究助理的吳家豪博士合寫的另外兩篇長文，分別見於《杭州師範大學學報》（2019 年）及台灣《清華中文學報》（2024 年），今重新改寫後列入書中成為部分內容。

本書得以完成，感謝香港特別行政區研究資助局（RGC）近年撥款支持本人參與的研究計劃。本書相關研究文獻的搜集與研究成果，與目前正在執行的研究計劃／項目的獎助息息相關：

1. Humanities and Social Sciences Prestigious Fellowship Scheme (Project no., RGC ref: CityU 31000723)

2. 香港特別行政區研究資助局協作研究計劃——「嶺南文化與世界：廣東文人文化景觀的建構及轉變（1821－1949）」（CUHK C4006-22GF）

3. 香港特別行政區研究資助局優配研究金——「白話文在香港的初期發展史（1920－1935）」（CityU 11606123）

這本書是組成中文及歷史學系十週年系慶叢書的其中一本，得以忝列其中，深感榮幸！

十週年的歷程，相對於香港不少高等教育院校的中文系或歷史系，實在是日子不長。然而，十年下來，有喜有樂也有不少挑戰，我們還是一步一步走下來了，建立起自己的特色，為香港的歷史文化教育貢獻力量。十週年，不只是學系的建立與成長，更是個人的學術成長，感激十年來為我提供各種各樣幫助的師友，點點滴滴，銘記於心。

香港城市大學中文及歷史學系
創系十週年叢書 06

文化香港
一座城市的百年流變
陳學然 著

叢書總編 程美寶 陳學然

責任編輯 張佩兒
裝幀設計 簡雋盈 陳佩珍
排 版 陳美連
印 務 劉漢舉

出版
中華書局（香港）有限公司
香港北角英皇道 499 號北角工業大廈 1 樓 B
電話：（852）2137 2338
傳真：（852）2713 8202
電子郵件：info@chunghwabook.com.hk
網址：http://www.chunghwabook.com.hk

發行
香港聯合書刊物流有限公司
香港新界荃灣德士古道 200 - 248 號
荃灣工業中心 16 樓
電話：（852）2150 2100
傳真：（852）2407 3062
電子郵件：info@suplogistics.com.hk

印刷
美雅印刷製本有限公司
九龍觀塘榮業街 6 號海濱工業大廈 4 樓 A

版次
2024 年 12 月初版

規格
32 開（190mm × 130mm）

ISBN
978-988-8912-07-0